MOSCÚ	020	ESTOCOLMO	123
KABUL	097	ATENAS	070
BUDAPEST	120	MANILA	116
SÍDNEY	086	PEKÍN	329
TOKIO	056	DALLAS	023
LISBOA	074	PETRA	039
PARÍS	015	ROMA	114
MARSELLA	060	LYON	052
SARAJEVO	084	TALLIN	094
BERLÍN	110	KIEV	063
NAIROBI	108	ANKARA	100
DENVER	049	MEDELLÍN	050
OSLO	129	DUBÁI	030
HELSINKI	037	RÍO DE J.	036
BRUSELAS	024	SHANGHÁI	055
DAKAR	107	PALERMO	022
TORONTO	077	LUXOR	046

Pour une meilleure immersion dans l'histoire, nous avons conservé l'orthographe espagnole des villes qui sont les résolutions des énigmes. Voici, dans l'ordre, leur traduction en français : Moscou, Kaboul, Budapest, Sidney, Tokyo, Lisbonne, Paris, Marseille, Sarajevo, Berlin, Nairobi, Denver, Oslo, Helsinki, Bruxelles, Dakar, Toronto, Stockholm, Athènes, Manille, Pékin, Dallas, Petra, Rome, Lyon, Tallinn, Kiev, Ankara, Medellín, Dubaï, Rio de Janeiro, Shangaï, Palerme, Louxor.

LA CASA DE PAPEL

LE LIVRE ESCAPE GAME

Pour la version originale
Livre publié pour la première fois en Espagne, en 2019, sous le titre *La Casa de Papel, El Diario del Profesor*, par Lunwerg, une marque d'Editorial Planeta, S.A., Avenida Diagonal, 662-664 – 08034 Barcelona.

Photographies de la couverture et de l'intérieur : © Netflix, Inc., 2019. Used with permission
Design de la couverture : Lookatcia
Énigmes : © Cocolisto, 2019

Pour la version française

© 2020 Hachette Livre (Hachette Pratique).
58, rue Jean Bleuzen – 92178 Vanves Cedex

Pour l'éditeur, le principe est d'utiliser des papiers composés de fibres naturelles, renouvelables, recyclables et fabriqués à partir de bois issus de forêts qui adoptent un système d'aménagement durable. En outre, l'éditeur attend de ses fournisseurs de papier qu'ils s'inscrivent dans une démarche de certification environnementale reconnue.

Direction : Catherine Saunier-Talec
Directeur de projet : Antoine Béon
Responsable de projet : Anne Vallet
Traduction : Morgane Le Maistre
Réalisation intérieure : Studio MAKMA
Fabrication : Anne-Laure Soyez

Dépôt légal : février 2020
41-4561-3/01
ISBN : 978-2-01-628700-2
Imprimé en Espagne par Graficas Estella

PAPIER À BASE DE FIBRES CERTIFIÉES

hachette PRATIQUE s'engage pour l'environnement en réduisant l'empreinte carbone de ses livres. Celle de cet exemplaire est de :
2,2 kg éq. CO_2
Rendez-vous sur www.hachette-durable.fr

LA CASA DE PAPEL

LE LIVRE ESCAPE GAME

LE JOURNAL DU PROFESSEUR

Ivan Tapia
Montse Linde

hachette
HEROES

NETFLIX

À LIRE AVANT DE COMMENCER

Bienvenue dans le livre escape game de *La Casa de Papel* ! Dans un livre escape game, vous êtes le véritable héros. Les chapitres de ce livre ont été mis dans le désordre et c'est donc à vous de relever les défis proposés afin de savoir par où poursuivre votre lecture.

Comment jouer ?
Lisez chaque chapitre jusqu'à arriver à une énigme. Vous les reconnaîtrez facilement, ce sont des photographies pleine page tirées de certaines scènes de *La Casa de Papel.*

Pour résoudre chaque énigme, vous devrez utiliser une ou plusieurs ressources rencontrées au cours de votre lecture. Pour vous faciliter la tâche, vous pourrez les découper des pages 175 à 207.

Pour savoir à quelle page poursuivre votre lecture, vous devrez d'abord découvrir ce qui se cache derrière l'énigme, puis l'associer à un nombre à l'aide d'un élément qui vous sera fourni par ce livre. Vous obtiendrez ainsi le numéro de la page à laquelle vous devez vous rendre.

Que se passe-t-il si vous n'arrivez pas à résoudre une énigme ?
Pas de soucis. Vous trouverez à la fin de chaque chapitre le numéro de la page où figurent les indices qui vous aideront à atteindre votre objectif.
C'est à vous de décider si vous souhaitez les utiliser ou non, déterminant ainsi le niveau de difficulté du livre.

Nous espérons que vous passerez un bon moment à déchiffrer les énigmes préparées par le Professeur.

Bonne chance !

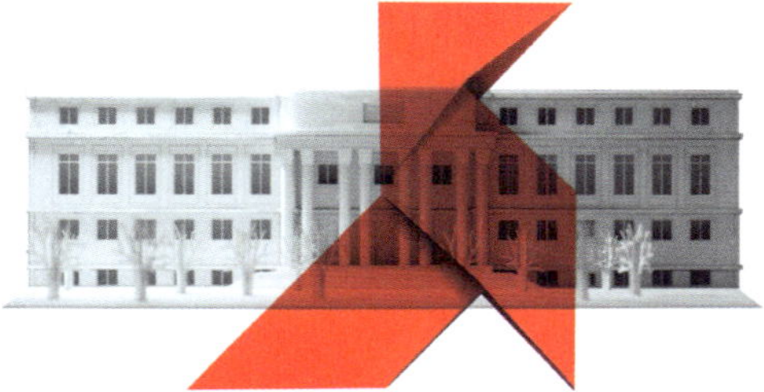

J'aurais aimé avoir un chien, mais je n'en ai pas. Je n'ai pas non plus de domicile fixe ni de relation sérieuse. Ce que j'ai, le strict minimum, tient dans les poches de mon jean.

Aujourd'hui, j'ai fermé mon atelier de réparation de motos, l'avant-dernier projet de ma vie. C'est toujours la même chose : l'avant-dernier amour, l'avant-dernier verre, l'avant-dernier échec… Comme si ma vie tout entière ne parvenait jamais vraiment à prendre le large. Je ne suis peut-être qu'un triste optimiste qui voit toujours la bouteille à moitié pleine, mais légèrement hors d'atteinte.

J'essaie, je le jure. J'essaie de tout faire pour que les choses se passent bien, mais je crois simplement que je suis né malchanceux et que je mourrai ainsi. Malchanceux, seul et pauvre. C'est du moins ce que je pensais jusqu'à ce matin.

Le soleil s'est levé sur Aranda de Duero par une froide journée. L'une de ces journées où de la buée s'échappe de notre bouche et où il fait bon s'envelopper de trois couches de vêtements. J'étais collé au téléphone, tentant de revendre les derniers de mes outils à plus chanceux que moi, lorsque l'interphone a sonné. C'était le facteur qui m'apportait un colis semblable à ceux d'autrefois, emballé dans du papier kraft marron et noué avec une ficelle en croix. Si ma mère était encore en vie, j'aurais pu penser que c'était elle qui me l'envoyait de son village isolé de tout, même des dernières nouvelles. Toutefois, aucun bus ne transporte les morts du cimetière jusqu'au bureau de poste.

Le contenu du paquet est maintenant étalé sur la table de mon bureau, si on peut appeler ce taudis un bureau. Une lettre anonyme, un carnet aux feuilles jaunâtres qui m'appartenait autrefois et que je n'ai jamais utilisé, une boîte en laiton de la marque de mes biscuits préférés fermée par un cadenas, la photo d'un masque que tout le monde ne connaît que trop bien, et une cocotte en papier rouge.

Le nom de l'expéditeur n'est pas indiqué, mais ce n'est pas nécessaire. Je sais parfaitement qui me l'a envoyé. Je l'attendais.

p. 175

Je m'appelle Jero Lamarca et j'ai été le premier ami de Sergio Marquina, le « Professeur » le plus célèbre d'Espagne, le Robin des Bois recherché par les flics du monde entier.

Quand tous avaient les yeux rivés sur leur téléviseur pour assister au braquage de la Fabrique nationale de la Monnaie et du Timbre à Madrid, mes potes pariaient sur le temps nécessaire aux forces spéciales pour cribler les braqueurs de balles. Moi en revanche, j'ai toujours été du côté des « méchants », de ceux qui avaient perpétré le casse. Pour une fois, j'ai vraiment cru qu'une poignée d'anticonformistes destinés à échouer pouvaient faire pencher la balance de leur côté et remporter la partie.

Je mentirais si je disais m'être douté que Sergio était le célèbre « Professeur », mais, lorsque quelques jours plus tard, j'ai reconnu son visage au journal télévisé, je suis descendu à l'épicerie du coin pour acheter de quoi me préparer un festin à sa santé et en souvenir du bon vieux temps. J'avais l'impression qu'au dernier moment, les cartes du jeu avaient soudainement été remplacées par des as, comme par magie.

J'ai rencontré Sergio il y a plus de trente ans, entre les murs bleu pâle d'une chambre de l'hôpital San Juan de Dios, à Saint-Sébastien. C'est moi qui lui ai montré comment fabriquer des cocottes en papier, en échange de quoi il m'a aidé à rester alerte grâce à des jeux de réflexion qu'il inventait lui-même. Mais surtout, il m'a appris à ne jamais perdre espoir. « Il y a toujours une dernière fois pour tout », disait-il.

C'est assis dans cette chambre de bon matin, sur un lit qui ne s'y trouve sûrement plus, que nous nous sommes promis une loyauté éternelle et que nous avons scellé ce pacte en échangeant nos chewing-gums en guise de poignée de main. Voilà maintenant que Sergio est revenu de nulle part pour tenir sa promesse :

Très cher Jero,

Cela fait si longtemps que nous nous sommes vus pour la dernière fois ! Comment vas-tu ? J'espère que la vie ne t'a pas endurci et que tu conserves encore en toi une part de cet enfant joyeux, bagarreur et courageux que j'ai connu bien avant de savoir ce que nous réservait l'avenir, ou même si nous en avions un. J'espère surtout que tu as gardé cette envie de jouer et de t'amuser qui t'a toujours caractérisé, même si je sais que « toujours » est un bien grand mot pour nous.

J'espère que cette lettre ne te surprendra pas trop. Des décennies ont passé, c'est vrai, mais je ne t'ai jamais oublié. C'est comme ça. Je sais que rien ne serait pareil si je ne t'avais pas rencontré. Tu as été le meilleur camarade de jeu dont un enfant malade puisse rêver et j'aurai beau essayer, je ne pourrai jamais assez te remercier.

Ils t'ont sorti de là du jour au lendemain, si vite que nous n'avons même pas pu nous dire au revoir, tu te souviens ? Ni un « adieu », ni un « à bientôt », ni même un « merci »… Pendant quelques temps, j'en suis venu à penser que tu étais peut-être mort et qu'ils me l'avaient caché pour me protéger. Puis, je me suis rappelé que nous avions un pacte et que, comme tu le répétais si souvent, « les chevaliers de la nuit ne manquent jamais à leur parole ». Je me suis raccroché à cet espoir pour aller de l'avant, tout seul dans cette chambre qui sentait le désinfectant et les médicaments. Et ça a marché. Parce qu'en fin de compte, nous ne croyons qu'en ce que nous voulons croire, peu importe ce qu'en pensent les autres.

C'est pourquoi, mon ami, n'écoute pas ce que disent les médias sur moi. Ce qui compte vraiment à mes yeux, c'est ce que pensent les gens dans la rue, mes proches et toi. Et la rue a clamé son opinion haut et fort le jour où la police a été sur le point de nous attraper. Dans quelques temps peut-être, nous pourrons nous asseoir ensemble autour d'une bière et tout nous raconter, en y mettant la passion et la profusion de détails que nous y mettions autrefois.

En attendant, en souvenir du bon vieux temps, de tout ce qu'on a gagné et de tout ce qu'on a perdu, je te propose un jeu. N'oublie pas que tout jeu mérite récompense, même si je sais que ce n'est pas cela qui te convaincra d'accepter ma proposition. Je suis néanmoins sûr que tu trouveras le parcours que je t'ai préparé fascinant. Allez, montre-moi que tu n'as pas perdu ta curiosité. Si tu es engourdi par la vie, réveille-toi et pars en quête de ton futur. Tu sais vers où migraient nos oiseaux de papier, alors écoute ton instinct si tu souhaites débuter la partie.

Je t'embrasse et te souhaite tout ce qu'il y a de mieux.

Avec toute mon affection,

P.-S. : Je te joins le carnet que tu as oublié dans la table de chevet de notre chambre lorsqu'ils t'ont emmené. Désolé pour les griffonnages, mais il fallait bien que je note le codex quelque part, pas vrai ?

Je lève les yeux de la lettre, tends la main vers le carnet pour l'ouvrir comme s'il s'agissait d'un portail temporel, et l'y trouve... Le codex. C'est ainsi que Sergio et moi appelions la feuille de papier que nous utilisions à l'hôpital pour coder les messages secrets que nous échangions. Je ne pensais pas en revoir un un jour, mais Sergio a créé un nouveau codex dans mon carnet.

Sergio Marquina, l'enfant avec qui j'ai passé de longues heures à jouer dans cette chambre d'hôpital que nous avons partagée pendant plus de deux ans.

Sergio Marquina, le « Professeur », le cerveau du plus grand casse de tous les temps.

Je ne sais absolument pas en quoi consiste sa proposition, mais la cocotte en papier me fait penser que notre jeu a repris. Je viens juste de perdre tout ce que j'avais, ce qui est à la fois tout et rien. L'invitation de Sergio ne peut donc pas mieux tomber. Quand on a touché le fond, on ne peut que remonter.

Comment ça marche déjà ? J'imagine que pour ouvrir la boîte en laiton, je devrai trouver la clé qui se cache derrière la photo et la cocotte en papier, puis chercher le numéro correspondant dans le codex.

Les chevaliers de la nuit se remettent en selle !

MOSCÚ	020	ESTOCOLMO	123
KABUL	097	ATENAS	070
BUDAPEST	120	MANILA	116
SÍDNEY	086	PEKÍN	329
TOKIO	056	DALLAS	023
LISBOA	074	PETRA	039
PARÍS	015	ROMA	114
MARSELLA	060	LYON	052
SARAJEVO	084	TALLIN	094
BERLÍN	110	KIEV	063
NAIROBI	108	ANKARA	100
DENVER	049	MEDELLÍN	050
OSLO	129	DUBÁI	030
HELSINKI	037	RÍO DE J.	036
BRUSELAS	024	SHANGHÁI	055
DAKAR	107	PALERMO	022
TORONTO	077	LUXOR	046

p. 209

Déchiffrez l'énigme pour savoir par où continuer.

Si besoin, vous pouvez consulter les indices figurant à la p. 139.

Écrivez la réponse ici pour ne pas l'oublier.

086

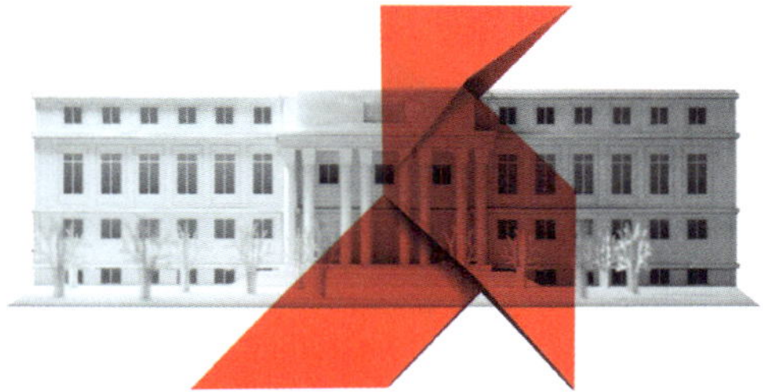

JERO RÉSOUT L'ÉNIGME DE L'HÔPITAL

Le coffre-fort de l'hôpital contenait une photo et une lettre avec une adresse indiquée en post-scriptum. Celle de Carolina, la seule Carolina qui ait jamais existé pour nous. En lisant son nom, j'ai rougi comme lorsque j'étais gamin. Sa chevelure flamboyante s'est parfois manifestée dans mes rêves d'adulte pour me rappeler qu'elle a un jour été réelle et inaccessible, comme le sont toutes les femmes pour les petits garçons qui les regardent d'en bas. Je ne sais pas comment nous aurions survécu sans elle.

L'adresse est celle d'un quartier résidentiel situé à quelques kilomètres de Saint-Sébastien. J'ai donc décidé de m'offrir le luxe de réserver une chambre dans un hôtel en bord de mer. Je ne devrais pas, je le sais. J'ai tout juste ce qu'il me faut pour vivre, comme toujours, mais peu importe maintenant. Les choses sont sur le point de changer. Carolina n'est en effet pas la seule surprise qui se cache derrière le post-scriptum de Sergio.

Après m'être exilé à plus de trois cent kilomètres de là pendant de nombreuses années, j'ai enfourché ma moto et fait la route en une fois. Mon corps en paye maintenant les conséquences. Je suis relativement jeune, mais bien amoché. C'est comme ça. Je ne me plains pas, c'est juste une affirmation. Je veux être propre et soigné pour affronter demain ce que m'a préparé le Professeur.

Il semblerait en effet que le plus grand braqueur d'Espagne soit aussi le seul véritable ami que j'aie jamais eu. Je ne suis pas un solitaire. J'ai des compagnons de beuverie, de poker et de moto, mais Sergio est le seul qui a toujours réussi à savoir ce qui m'arrivait sans même avoir besoin de me regarder. Parfois, nos silences en disaient plus long que nos mots. Je n'ai donc rien de mieux à faire au cours des prochains jours que de profiter de ce jeu sur mesure.

De plus, grâce à Sergio, je vais enfin retrouver Carolina. J'appréhende un peu sa réaction lorsqu'elle découvrira que je ne suis pas l'homme qu'elle aurait aimé que je devienne.

Lorsque je me suis réveillé dans ma chambre d'hôtel ce matin, je ne savais plus où j'étais. Le bruit de la mer s'infiltrait par les fenêtres, rythmé par le doux murmure des vagues et les cris des mouettes au loin. Quelques nuages commençaient à recouvrir le ciel. Je n'avais pas dormi aussi bien depuis des années. Je me suis éveillé doucement, me suis lavé avec soin et ai enfilé un t-shirt propre. J'ai rangé mes quelques affaires dans mon sac, puis je suis allé régler la note, largement au-dessus de mes moyens. Je ne me suis même pas senti mal. Peut-être bien que je commence enfin à me sentir heureux.

Pendant que je faisais le plein, une Renault Clio grise avec le phare avant cassé est entrée dans la station-service. Je suis certain qu'elle était garée devant l'hôtel ce matin, car j'ai reconnu l'anorak bleu avec une rayure jaune posé sur la plage arrière. Je ne crois pas au hasard, mais grâce à Sergio, je redeviens peu à peu l'enfant que j'étais. Je n'ai encore aucune raison de me méfier et je décide donc de laisser une chance à la bonne foi. Calmement, j'ai commandé un café et je suis allé m'installer à la table la plus éloignée, où j'ai entrepris de relire la lettre laissée par Sergio dans le coffre-fort de l'hôpital.

Mon ami,

J'aurais adoré t'accompagner dans ce voyage, surtout pour ta prochaine destination, mais je n'ai pas besoin de t'expliquer pourquoi c'est impossible. Prépare-toi à de nombreuses surprises mais surtout, détends-toi et amuse-toi.

Comme tu dois te l'imaginer, j'ai consacré la majeure partie de ma vie à planifier ce casse. J'ai listé tous les imprévus possibles, j'ai cherché et imaginé des échappatoires à toutes les éventualités. Tu me connais, j'ai tenté de trouver plus d'une solution à chaque problème potentiel. Mais finalement, il s'est passé ce qu'il se passe toujours. Le cœur est plus fort que la raison et nous nous laissons submerger par des sentiments qui nous font l'effet d'une gifle, comme celles que nous filait cette brute de Ramírez.

Imagine-toi contrôler la radio de la police et dix-huit caméras de la Fabrique nationale de la Monnaie et du Timbre, tel un Big Brother omniprésent. En moins de vingt heures, nous avions déjà imprimé cinquante-deux millions d'euros. Te rends-tu compte de ce que cela signifiait ?

La police a alors mis l'inspectrice Raquel Murillo aux commandes et j'ai établi avec elle une relation comme il se doit : l'un demande alors que l'autre cède. Parfois, nous mesurions nos forces comme deux boxeurs sur le ring, nous tournant autour encore et encore, les poings levés mais sans jamais attaquer.

Je dois avouer qu'il a été très impudent de ma part d'aller la voir au bar où elle se trouvait. Mais qu'aurais-tu fait, toi, en apprenant qu'elle n'avait plus de batterie ? J'ai pesé le pour et le contre en moins d'une seconde et j'ai décidé de lui prêter mon portable. J'ai affiché mon plus beau sourire et me suis présenté sous un nom qui n'était pas le mien, Salvador Martín. À ce moment-là, j'ai vraiment pensé avoir décroché le gros lot.

Ce jour-là, nous avons réussi à faire parvenir notre premier message à l'opinion publique. Nous ne volions l'argent de personne. Par la même occasion, nous informions la police qu'il serait inutile de rentrer par la force, puisqu'elle serait incapable de distinguer les otages des braqueurs, tous revêtus de la combinaison rouge et du masque de Dali.

Mais ça n'allait pas être aussi simple. Les choses sont toujours susceptibles d'empirer, surtout quand l'amour se glisse dans la partie d'échec et aveugle les pions, renversant le roi et les fous s'il le faut.

Lorsque l'inspectrice Murillo m'a dit détenir une photo de soixante-sept téléphones portables collés à un mur, je suis resté sans voix. Pas tant parce que j'étais surpris que les choses tournent mal, mais parce que je ne pouvais pas imaginer que l'un des miens puisse commettre une erreur. Je ne voyais toutefois pas d'autre explication et il n'y en avait pas. C'est Rio qui avait permis à la police d'accéder à l'image des téléphones et, lorsque Berlin a donné l'ordre de le punir, Tokyo qui, malgré mes avertissements et mes ordres initiaux, entretenait une relation sentimentale avec le premier n'a pas hésité à tirer sur les caméras et à me plonger dans l'obscurité pour donner une bonne leçon à Berlin.

Enfin, comme je l'ai déjà dit, les choses peuvent toujours aller en empirant et je ne savais pas encore que l'ordre de tuer l'otage Mónica Gaztambide retenait Denver pris au piège entre les carreaux noirs et blancs des toilettes. Son crime ? S'être emparée d'un téléphone pour contacter l'extérieur et tenter de s'évader. Les pions continuaient de tomber. Tu te demandes à quel moment précis tout va voler en éclats, n'est-ce pas ?

Continue de jouer, Jero.

Sergio

P.-S. : Ta prochaine destination se trouve au numéro 25 de la calle del Pino, dans la zone de Miramon. Demande après Carolina. Oui, tu as bien lu. CA-RO-LI-NA.

Au fait, je ne t'ai toujours pas dit ce qui t'attend à la fin si tu réussis. Que dirais-tu de dix millions d'euros ?

Je replie la lettre et me plonge dans cet univers de possibilités qui vient de s'ouvrir à moi. Si ce que Sergio raconte est vrai, et je n'en doute pas une seconde, ma vie vient de prendre un tournant décisif. Ou peut-être pas. Peut-être qu'avoir de l'argent ne sert après tout qu'à ne plus avoir à s'en soucier, mais que tous les autres problèmes demeurent, à l'affût du bon moment pour se manifester et te faire ployer sous leur poids. Je réfléchirai à tout cela une fois le jeu terminé, s'il se termine un jour, mais pour l'instant, je dois me concentrer sur la prochaine étape. Je me demande parfois si Sergio ne m'attend pas au bout du voyage.

Je me dirige vers la sortie, mon casque à la main, et, en jetant un coup d'œil par la porte vitrée, je découvre qu'il pleut à torrents.

Carolina Sánchez Ocaña était l'infirmière dont Sergio et moi étions amoureux lorsque nous étions gamins. Une sorte de bonne fée aux cheveux roux. Elle doit maintenant avoir la soixantaine, mais je ne le réalise qu'au moment où j'appuie sur la sonnette de chez elle et où j'entends des pas se rapprocher de l'autre côté.

Lorsque la porte s'ouvre, il me faut quelques secondes pour la reconnaître et je reste planté là, trempé jusqu'aux os, sans dire un mot. Beaucoup de temps s'est écoulé, je le sais bien, mais je n'avais pas eu la malice d'ajouter quelques rides à mon souvenir. Pourtant, quand elle me sourit, elle redevient la Carolina que je connaissais. Je crois qu'elle est heureuse de me voir, bien qu'elle n'ait jamais été très démonstrative. Elle m'invite à entrer, m'apporte une serviette et m'indique d'un geste la salle de bains pour que je puisse m'y sécher et remettre de l'ordre dans ma tenue. Tout cela sans prononcer un mot, comme à son habitude. À l'hôpital, elle réussissait toujours à se faire obéir sans donner le moindre ordre et je crois que c'est ce qui provoquait le ressentiment des autres infirmières. Elle pouvait maintenir le calme parmi nous sans jamais élever la voix. Aujourd'hui encore, son sang-froid continue de m'impressionner.

Je ne lui ai toujours pas expliqué pourquoi je suis venu car je ne le sais pas moi-même. Je n'avais pas préparé une seule excuse, mais j'ai tout de suite compris que c'était inutile, qu'elle m'attendait. Elle n'aurait pas ouvert la porte comme si de rien n'était à un gamin dont elle essuyait la morve il y a des lustres sinon. Pas plus qu'elle ne lui aurait dit d'entrer comme si elle l'avait vu la veille. Personne ne fait ça.

Je la remarque à peine franchie la porte du salon.

À côté du radiateur se trouve une boîte à couture de deux étages, de celles qui s'ouvrent vers les côtés. Elle est fermée par un cadenas. Dessus,

p. 177

une cocotte en papier rouge m'attend. Par automatisme, je plonge ma main dans la poche de ma veste en cuir afin de m'assurer que le codex et la photo trouvée dans le coffre-fort de l'hôpital sont bien là.

Carolina m'apporte du café au lait avec des biscuits. Elle a oublié que je ne supporte pas le lait. Je peux presque entendre Sergio me dire : « Tu n'as jamais été son préféré. » Fichu Sergio !

Elle n'a rien perdu de son élégance digne d'une princesse de Monaco et son sourire conserve encore un air d'innocence. Les mêmes qualités qui, à l'époque, en faisaient la plus irrésistible des femmes à nos yeux. C'était le seul point sur lequel tous les pensionnaires du service pédiatrique de San Juan de Dios tombaient toujours d'accord.

- Je t'attends dans le jardin, il me semble que tu en as encore pour un moment, me dit-elle, moqueuse, en signalant la boîte à couture.

Lorsque je regarde par la fenêtre, le soleil est revenu. Le temps semble un peu indécis aujourd'hui. Peut-être est-il lui aussi de la partie. J'inspire profondément avant de m'asseoir à la table et d'y poser la photo, la boîte à couture et la cocotte. À nous deux, Sergio Marquina !

48 36 03 34 27 34 62 58
85 94 89 72 33 40 63 98
52 22 25 67 39 50 79 43
A

Déchiffrez l'énigme pour savoir par où continuer.

Si besoin, vous pouvez consulter les indices figurant à la p. 141.

Écrivez la réponse ici pour ne pas l'oublier.

129

JERO RÉSOUT L'ÉNIGME DE LA LIBRAIRIE

J'ai pris plus de temps cette fois. Sergio rend les choses de plus en plus difficiles. J'ai rangé dans mon sac de voyage la lettre, la photo, la cocotte et la boîte en métal découvertes dans le creux découpé entre les pages du livre. Je me demande encore comment mon ami a pu trouver le courage de détruire ainsi cet exemplaire alors que, le jour où j'y ai gribouillé un simple cœur, il a presque brisé le mien par son regard méprisant. J'exagère peut-être un peu.

Quand je suis sorti de derrière le rideau, ils étaient encore là, debout de l'autre côté du couloir. Je suis presque sûr que ce sont des flics. Je n'en ai aucune preuve, mais ils en ont tout l'air. Tous deux sont plutôt musclés et, bien qu'habillés en civil, leurs tenues ressemblent à des uniformes. Un pantalon de tailleur sombre pour la femme, un jean avec une veste de costume marron pour l'homme. Sa chevelure brune est attachée en queue-de-cheval haute, alors que lui porte les cheveux longs dans la nuque, dans une tentative ratée de dissimuler son front dégarni. Rien chez eux n'attire l'attention, ils sont ternes. De plus, je sais que ça ne veut rien dire, mais je les *sens*.

Je suis passé à côté d'eux et les ai salués, certain de ne rien faire d'illégal. Ça n'a pas toujours été le cas. Ils sont restés interdits. Je suis surpris que Noisette soit de leur côté. Normalement, je ne garde en mémoire que les odeurs de ceux pour qui je finis, pour une raison ou une autre, par éprouver de la sympathie. Comme si nos deux corps étaient connectés par des ondes dansantes, sans que cela n'est rien de romantique.

J'ai caché la cocotte derrière mon dos. Ils n'ont pas non plus beaucoup cherché à sauver les apparences. Je suppose que lorsque je les ai salués, ils ont pensé qu'il ne servait plus à rien de se cacher. Je tourne l'accélérateur à m'en faire blanchir les jointures. Les klaxons des voitures que je double m'emplissent le crâne et m'assourdissent.

Je ne les vois plus depuis un moment. Peut-être voulaient-ils simplement marquer leur territoire, à la manière canine. Je m'arrête donc au premier bar venu et je gare la moto à côté de l'issue de secours. Le gars derrière le comptoir me dévisage avec un air impassible, tout en continuant de sécher les verres. Lorsqu'il m'apporte le sandwich et le coca-cola que j'ai commandés à la table la plus éloignée de la porte, je paye l'addition et lui laisse un pourboire.

Mon ami,

Si tu lis ceci, c'est que tu as réussi une fois de plus. Je vois que tu t'es amélioré avec le temps. Ne fais pas cette tête Jero, un peu d'humour n'a jamais fait de mal à personne !

Te souviens-tu du jour où les informations ont annoncé que la police avait renoncé à la libération de huit otages issus de familles modestes, en échange de celle de notre dame de cœur, Alison Parker, la fille de l'ambassadeur britannique ? Ce n'était pas sa faute, bien entendu, mais certains de ses compagnons n'ont pas pris les choses de la même manière. Alison n'était que la malheureuse victime de la faible volonté du CNI face à la tentation des trente deniers de Judas.

Au cours des jours suivants, il s'est passé beaucoup de choses. Quand on se retrouve dans une situation extrême, chaque minute devient une éternité qui renferme un nombre incalculable d'histoires.

La possibilité d'écouter tout ce que disait le sous-inspecteur Ángel Rubio, notre cheval de Troie, nous donnait un avantage considérable. Je dois toutefois reconnaître que j'étais parfois gêné d'écouter certaines confessions. Nous sommes tous pleins de secrets et de mystères que nous aurions honte de révéler à n'importe qui. J'aurais ainsi préféré ne pas l'entendre déclarer son amour à Raquel, ni faire le récit de leur aventure. Quoi qu'il en soit, j'ai été encore plus surpris d'apprendre en direct le peu de scrupules qu'aurait l'inspectrice à entretenir une relation sexuelle avec moi. Je crois que tu n'auras aucun mal à t'imaginer à quel point je suis timide avec les femmes.

Mille euros, c'est le chiffre qui a été sur le point de tout faire tomber à l'eau. Dans bien des pays, cette somme d'argent fait la différence entre une famille qui survit et une autre qui n'a pas cette chance. Helsinki a ainsi décidé qu'il était plus important de garder les mille euros que je lui avais déjà donnés et de sauver les siens plutôt que de détruire la Seat Ibiza qui pouvait mener la police jusqu'à moi et mettre fin à notre plan. Je n'ai jamais été aussi près de finir comme l'une de ces petites boules d'aluminium que nous fabriquions à l'hôpital avec les emballages de chocolat que lorsque je me suis rendu à la casse pour tenter de réparer son erreur. Le gardien sur lequel je suis tombé ne faisait pas dans la demi-mesure.

J'ai aussi eu une petite conversation avec Berlin, qui essayait toujours de m'apprendre la limite des choses en me rappelant que nous ne pouvions pas être à la fois les victimes et les bourreaux. Je crois qu'il avait raison, bien qu'il m'en coûte de l'accepter. Pour eux, j'étais un idéaliste qui voulait se faire passer pour un gentil tout en leur remplissant les poches d'armes et d'explosifs en quantité suffisante pour faire sauter le bâtiment s'il le fallait. Il était donc logique qu'ils me voient ainsi, bien que ce n'était pas exactement le cas. Tout dépend toujours du point de vue. Et bien que ça ait finalement été une erreur, j'ai pour une fois été le gros dur que Berlin m'avait toujours demandé d'être.

Si seulement il existait une montre qui permette de remonter le temps, nous pourrions tous réparer nos erreurs. Malheureusement, il n'y en a pas.

Sergio

P.-S. : J'espère que tu as passé un bon moment dans la librairie. Tu vas adorer la destination de ta prochaine épreuve, j'en suis sûr, mais pour la connaître, tu dois d'abord réussir à ouvrir la boîte que je t'ai laissée dans le livre. Allez, tu peux le faire !

Moi, si je possédais cette montre dont parle Sergio et que je pouvais inverser la marche du temps, je ne retournerais qu'à un seul instant. Celui où mon frère Fiti est monté derrière moi, sans casque. Les autres, je les assume de bonne grâce.

Le serveur est de la vieille école. Il regarde mais il ne voit pas, il entend mais il n'écoute pas, et il te dévisage mais il oubliera très vite à quoi tu ressembles si quelqu'un le lui demande. Un bon gars. Je sors donc de mon sac les photos, la cocotte en papier et la boîte en métal qui se trouvaient dans le livre. À part nous, il n'y a personne qui puisse s'étonner de voir un type comme moi faire un truc comme ça, en tenant dans une main une cocotte en papier parfaite.

La seule bonne chose que m'ait apprise mon père a été de fabriquer à la perfection de magnifiques cocottes en papier. J'ai ensuite montré la technique à Sergio, mais je me répète. Lorsqu'ils ont démantelé l'entrepôt d'où il avait dirigé le braquage de la Fabrique nationale de la Monnaie et du Timbre et que la caméra s'est posée sur une cocotte fabriquée avec un billet de cinquante et abandonnée sur la table, j'ai senti que le message m'était adressé. Je me suis donc écarté du chemin suicidaire et j'ai recommencé à faire ce que je faisais de mieux. Attendre. Attendre que quelque chose ou quelqu'un vienne me sauver de la personne que j'étais devenu. Pour une fois, mon destin était en accord avec mon instinct.

p. 179

Ma grand-mère me disait toujours que je portais tout le malheur du monde dans mon regard, bien que mon sourire en coin tentât de dire le contraire.

Je ne veux pas penser à cela. Je dois juste ouvrir cette fichue boîte.

Déchiffrez l'énigme pour savoir par où continuer.

Si besoin, vous pouvez consulter les indices figurant à la p. 143.

Écrivez la réponse ici pour ne pas l'oublier.

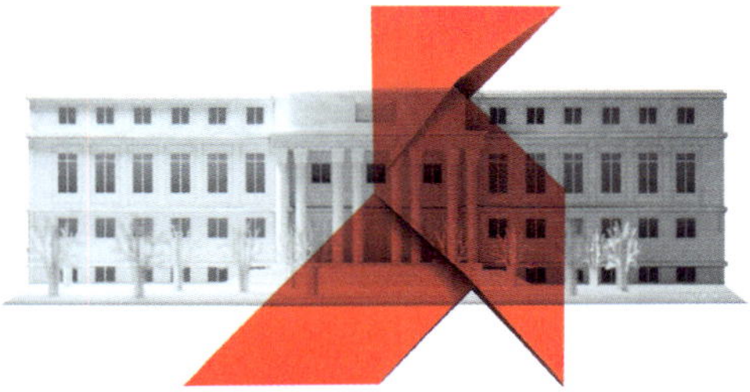

JERO RÉSOUT L'ÉNIGME DU GARAGE

Viene de la p. 128.

À l'aide du code correspondant et de la formule inscrite dans le post-scriptum de la lettre tombée entre les mains de la police, j'ai réussi à décrypter le numéro de téléphone. Ce n'est toutefois pas une heure pour appeler quelqu'un. Ma jambe malmenée par le froid et les longues heures d'immobilité me fait affreusement mal.

J'entre prendre un café dans le premier bar venu et je m'installe au comptoir pour y écrire un message WhatsApp à Pilar. Elle est la seule à pouvoir m'aider et je sais que c'est une lève-tôt. Lorsque je vérifie mon portable quelques instants plus tard, les coches sont devenues bleues mais elle ne m'a pas répondu. Le contraire m'aurait étonné. Pas même les petits cœurs que je lui ai mis n'ont suffi à l'attendrir, et pourtant, elle sait à quel point je déteste les émoticônes.

La première fois que j'ai pris la fuite, c'était pour ne pas tomber amoureux d'elle. Un été à pleins gaz à Ibiza et, à mon retour, mon cœur était comme neuf. Il est néanmoins difficile de résister à quelqu'un qui t'aime tant et si bien.

La deuxième fois, je me suis donc installé à Aranda de Duero, où j'ai monté un atelier de réparation de motos. Depuis lors, nous avons entretenu une relation par petits bouts, comme elle l'appelle. Je l'ai aimée autant que j'ai pu. Je sais bien que je ne lui ai donné que des miettes et qu'avec ça, elle n'a même pas par où commencer, mais elle refuse de croire que je n'ai rien de mieux à lui offrir, même en creusant davantage.

J'attends.

Il est presque neuf heures. Je demande au serveur s'ils ont un téléphone public et, d'un geste, il m'en signale un près des toilettes.

Je compose le numéro que j'ai découvert. Une voix métallique me répond qu'une lettre m'attend au bureau de poste. Je paye donc l'addition et me remets en route. En moins d'une heure, je l'ai sous les yeux.

Tu me connais Jero.

J'ai toujours assumé la responsabilité et les conséquences de mes actes, mais certaines choses sont parfois trop dures à encaisser.

Je pense que quiconque enfermé contre sa volonté a l'obligation de tenter de s'enfuir comme toi et moi l'avons fait, et la fuite des otages faisait donc partie intégrante du plan. Ce qui ne l'était pas, c'était que la vie d'Oslo s'échappe lentement par l'entaille laissée dans son crâne par une barre de fer.

On dit que c'est dans les pires moments que les personnes mûrissent et c'est ce qui s'est passé pour notre groupe. En sortant l'artillerie lourde, ils ont réussi à refermer le passage ouvert par les évadés, mais leur enthousiasme en avait pris un coup. J'ai tout vu à travers les caméras et je n'ai rien pu faire d'autre que de calmer ma sensation d'impuissance contre le sac de frappe.

Savais-tu qu'une seule gorgée de café m'a empêché de devenir un meurtrier ? C'est vrai. Je pensais que c'était la seule issue qu'il me restait lorsque la mère de Raquel a écouté un message qu'elle n'aurait pas dû et qu'elle a su que le sous-inspecteur Ángel Rubio m'avait identifié comme le criminel le plus recherché du moment. J'étais à deux doigts de la tuer, Jero, mais je n'ai pas pu. Il faut beaucoup de cran pour en finir avec quelqu'un dont la seule faute est d'avoir eu la malchance de te rencontrer, surtout s'il s'agit de la mère de la femme avec laquelle tu aurais aimé être si tu l'avais connue dans d'autres circonstances. Le destin a voulu que cette dame ne se rappelle de rien. Amnésie à court terme. Sa mémoire s'effaçait au fur et à mesure, comme de la craie sur une ardoise.

Lorsque Raquel est arrivée chez elle, sa mère m'avait déjà félicité d'avoir fait l'amour avec sa fille. J'ai mangé sa soupe et sa crème dessert, comme le gendre idéal que j'aurais voulu être.

Les choses étaient de plus en plus tendues à l'intérieur et à l'extérieur de la fabrique. Je jure que j'ai toujours été là pour eux mais ils se sont parfois sentis seuls, et avec ce qui était sur le point de nous tomber dessus, ça n'allait pas s'améliorer. Raquel était très rapide et elle a découvert en quelques heures ce que quiconque aurait cherché plusieurs jours.

En un clin d'œil, je me suis vu devant la maison de Tolède, entouré de policiers qui fouillaient parmi les restes d'un banquet. Les miens aussi m'y ont vu.

Mais ça suffit pour l'instant. Poursuis ton destin, Jero.

Sergio

P.-S. : À propos, en le lisant à l'envers, le numéro de téléphone que tu as contacté te rappelle-t-il quelque chose ? Si oui, tu sauras où tu dois rendre maintenant.

Impressionnant ! Bien sûr que je m'en souviens. Il s'agit de notre code secret, le numéro de référence du kaléidoscope que nous avons acheté l'après-midi où Carolina nous a emmenés au centre-ville. Nous l'avions appris par cœur et nous avions même inventé une chanson pour ne pas l'oublier. Il nous servait à coder les messages secrets que nous nous faisions passer d'un lit à l'autre.

Je crois que Sergio essaie de me dire que le prochain indice se trouve dans le magasin de jouets où nous nous le sommes procuré.

Ma moto me manque, mais je ne peux pas retourner au motel et la seule personne en qui j'ai confiance pour la conduire, Pilar, continue de m'ignorer. Je traverse donc la rue et me joins à ceux qui attendent le bus. Ils sont nombreux à cette heure-ci. Des visages las et ensommeillés, désireux de voir la journée se terminer tandis que la vie s'échappe inexorablement.

Je jurerais que le grand-père assis à l'entrée du magasin de jouets est le même qu'il y a trente ans. Il était déjà vieux à l'époque. Il ressemble à l'une de ces marionnettes en carton qui surveillent l'entrée des théâtres. Comme autrefois, il tient un briquet dans une main, une clope entre les lèvres. Seulement, la clope est maintenant éteinte et les tremblements de ses mains ne lui permettent pas de la rallumer.

Un gars en veste en cuir est toujours malvenu dans un magasin de jouets, mais il l'est encore plus s'il reste planté sur le seuil, regardant autour de lui sans se décider à entrer. Je ne sais pas si je suis au bon endroit, ni ce que je viens y chercher.

- Je peux vous aider ? me demande une fille aux ongles multicolores.

Je lui réponds que non.

Je fais volte-face et, au moment de sortir, je salue le grand-père qui me répond par un sourire sans dents. Au-dessus de sa tête se trouve une vitrine où sont exposés des jouets en désordre. Une boîte à musique en bois, ornée de cocottes rouges, est placée au milieu.

J'ai du mal à convaincre la fille aux ongles multicolores de me la vendre, car cette vitrine ne contient apparemment que des jouets abîmés. Elle ne peut pas comprendre que je puisse préférer celui-ci aux soixante-trois autres modèles en parfait état. Au moment de passer à la caisse, le grand-père lui fait un signe et elle m'annonce de mauvais gré que la note a déjà été réglée. Elle doit être payée à la commission et faire partie du gang du bus, c'est-à-dire de ceux qui attendent avec impatience la fin de la journée.

Je m'installe dans un coin discret des jardins du musée Chillida Leku et j'ouvre la boîte à musique qui demeure silencieuse. À l'aide d'un petit tournevis acheté sur le chemin, je la démonte avec soin. Heureusement, mes mains, habituées aux travaux manuels, sont adroites.

Cela fait cinq minutes que je scrute une photo, une cocotte en papier et un kaléidoscope fermé par un minuscule cadenas. À côté, la boîte à musique égrène les notes de *La Vie en Rose*. Pour résoudre cette énigme, il va me falloir des lunettes pour voir de près.

La réponse de Pilar est on ne peut plus claire : « 🖕🖕🖕🖕 ». Ce serait dommage d'en finir ainsi, avec des émoticônes qui n'ont rien de joyeux. Ce n'est pas uniquement pour la moto que je souhaite la voir. Pilar mérite des explications, même si je n'ai aucune raison valable pour justifier mon silence des derniers mois. J'adorerais pouvoir me blottir contre elle et me laisser bercer par sa chaleur une dernière fois. Pilar sent bon le propre et les draps suspendus aux fils de la ferme de ma grand-mère, en Estrémadure, où je me cachais lorsque je ne savais pas encore ce que ça voulait dire d'être malade. J'adorerais pouvoir aimer cette femme comme elle le mérite et comme le font les gens normaux, avec parcimonie et sans tumulte.

p. 181

J'observe attentivement le minuscule cadenas du kaléidoscope une seconde fois. Lorsque je relève la tête, j'ai la sensation que le type de l'autre côté du jardin ne me lâche pas du regard. Le soleil m'éblouit, m'empêchant de distinguer ses traits, mais je me demande s'il ne porte pas lui aussi des mocassins.

U N S
Q
T W
K
L
V R
R
E B
X
G A M
I A C D G

Déchiffrez l'énigme pour savoir par où continuer.

Si besoin, vous pouvez consulter les indices figurant à la p. 145.

Écrivez la réponse ici pour ne pas l'oublier.

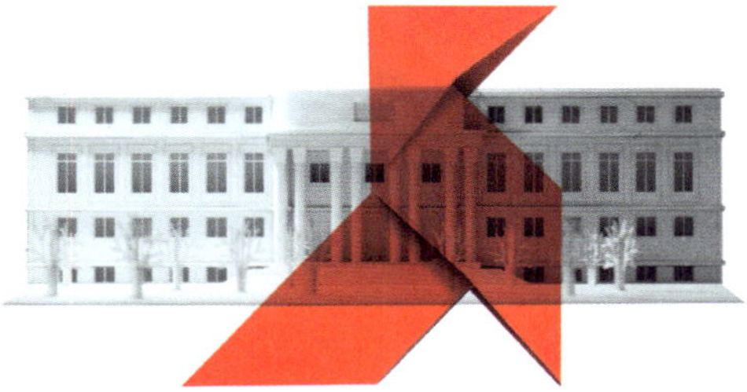

JERO RÉSOUT L'ÉNIGME DE LA BOÎTE À BIJOUX

Il vient de la p. 69.

Je commence à croire que Sergio aime les poupées russes, celles qui s'emboîtent les unes dans les autres. La boîte à bijoux contient une autre lettre, une autre cocotte et une autre photo, en plus d'une deuxième boîte, plus petite et fermée par un cadenas. Chaque fois que je découvre une nouvelle énigme, je me demande si ce sera la dernière. Je suppose que je peux calculer le temps restant grâce à ses lettres, mais j'ai peur qu'une fois tout cela terminé, son silence ne m'accompagne de nouveau pendant de nombreuses années.

p. 183

Tout ce que j'ai vécu ces derniers jours en valait déjà la peine, mais je ne perds pas de vue qu'au bout du chemin m'attend la possibilité d'une nouvelle vie. On peut faire tout et n'importe quoi avec dix millions d'euros. Je commencerai par lancer une fléchette sur la carte du monde accrochée dans la chambre que j'ai autrefois partagée avec Fiti, et « que la vie nous mène là où la flèche atterrit », comme disait toujours Sergio. Il passait toutefois des heures à s'entraîner à viser sur la cible accrochée dans la salle de jeux, de crainte que la flèche ne tombe sur un pays froid.

La maison d'Alejandra n'est pas parfaitement rangée, mais elle est propre. Petite, lumineuse et chaleureuse, elle se compose d'une seule pièce faisant office de salon, de salle à manger et de cuisine, ainsi que d'une salle de bains avec douche. Les cadres ne sont pas accrochés, mais directement appuyés contre le mur. Peut-être aime-t-elle les changer régulièrement de place.

Alejandra a beaucoup d'amis, elle adore la montagne et c'est une fille pleine de joie. C'est du moins ce que je peux déduire de la tonne de photos qui recouvre tout un pan de mur. Je sais aussi qu'elle utilise une brosse à dents électrique et que son réfrigérateur contient de la salade, des yaourts, du fromage et trois œufs. Je me demande quand quelqu'un lui a apporté son petit déjeuner au lit pour la dernière fois.

Il est trop tôt pour descendre faire les courses, le soleil commence à peine à se lever. Alejandra dort encore et son silence m'accompagne.

Mon ami,

Parfois, ce qui nous a toujours été refusé surgit de façon inopportune, au moment où l'on s'y attend le moins. Oui Jero, je parle de l'amour. Je ne vais pas faire mon sentimental. Non. Mais ce n'est pas de chance que la femme avec laquelle tu aimerais passer le reste de ta vie, celle qui te permet enfin de te sentir vivant, soit aussi celle qui te mettra derrière les barreaux si les choses tournent mal. J'ai réfléchi à tout. J'ai additionné, soustrait, multiplié et divisé, mais je n'ai jamais pensé que je pourrais tomber amoureux de Raquel de cette manière.

Nous avons tenu parole et avons libéré les otages qui ne voulaient pas être associés à un groupe de ratés comme le nôtre, mais nous l'avons fait à notre façon, sous l'œil des caméras de télévision. En maître de cérémonie irréprochable, Berlin a non seulement su laver son honneur, mais il a aussi fait mousser la sympathie du public comme une bière mal tirée. Nous étions comme une équipe de football qui jouait la finale du mondial sans chaussures, sans eau et sans ballon. Comme tu le sais, le public est toujours enclin à se ranger du côté des plus faibles, de ceux qui n'ont aucune chance, surtout si, contre tout pronostic, ils renversent Goliath.

Berlin avait raison lorsqu'il a dit que je devais mettre à profit mes longues années d'hospitalisation pour savoir comment pénétrer dans un hôpital occupé par la police. Je devais absolument vérifier par moi-même si le sous-inspecteur Ángel Rubio s'était vraiment réveillé ou s'il s'agissait simplement d'une rumeur lancée pour nous faire peur. Si c'était vrai, nous n'étions qu'à quelques mots de la fin. Les quelques mots nécessaires pour qu'il dévoile que Salvador Martín et Sergio Marquina ne formaient qu'une seule et même personne. Moi.

Faisant fi du politiquement correct, un clown muni d'un ours en peluche a pris l'hôpital d'assaut et s'est infiltré au cœur des rangs ennemis.

Il est important de savoir quand renoncer et revoir ses objectifs à la baisse si cela peut permettre de sauver des vies, qu'il s'agisse de la tienne ou de celles des tiens. C'est ce que j'ai fait.

Tokyo était sur le point d'aller en prison et j'étais son dernier espoir. Denver était soigné par une femme qui venait, contre toutes attentes, de changer de clan et moi, je rêvais de pouvoir m'enfuir vers une île des Philippines avec Raquel. Comme tu le sais déjà, les choses ne se passent généralement pas comme on le voudrait. Je suis néanmoins un incorrigible optimiste qui s'évertue avec une obstination qui frôle l'obsession à faire changer les règles.

Sergio

P.-S. : Je ne vais pas encore te dire quelle sera ta prochaine destination. Je veux que tu savoures le mystère.

Sergio a raison. Bien souvent, les rêves se transforment en cauchemars. C'est en tous cas le cas des miens. En descendant chercher le petit déjeuner, j'ai aperçu une Mini Cooper verte de location garée sur le trottoir. L'autocollant *Rent-a-car* paraissait trop grand pour une voiture aussi petite.

Lorsque je suis revenu, la porte de l'appartement d'Alejandra était entrouverte. À l'intérieur, le sol était entièrement recouvert de papiers et d'assiettes brisées. Elle reposait au milieu, allongée dans une flaque de sang. Il est très difficile de trouver le pouls de quelqu'un qui n'en a presque plus. J'en ai déjà fait l'expérience en tentant de venir en aide à mon petit frère, étendu dans un caniveau. J'ai donc appelé les urgences et j'ai attendu. La fenêtre de sa chambre était ouverte. Comme son appartement est au premier étage, je suppose que le coupable a dû s'enfuir par là, en se laissant glisser jusqu'au trottoir où la Mini Cooper verte était garée. La même Mini Cooper que j'aperçois maintenant filer au loin à toute allure.

Ils n'ont évidemment pas trouvé ce qu'ils cherchaient, puisque c'est moi qui l'ai. Dès que j'entends la sirène entrer dans la rue, je dépose un baiser sur ses lèvres en la suppliant d'être forte et je m'enfuis. S'ils me trouvaient là, ils ne me laisseraient certainement pas repartir.

Les choses se sont précipitées et ce qui n'était jusqu'à présent qu'un jeu est devenu hors de contrôle. Je dois disparaître, mais pour aller où ?

1 2 3 4 5 6 7 8 9 10 11 12 13 14 15 16 17 18 19 20 21

Déchiffrez l'énigme pour savoir par où continuer.

Si besoin, vous pouvez consulter les indices figurant à la p. 147.

Écrivez la réponse ici pour ne pas l'oublier.

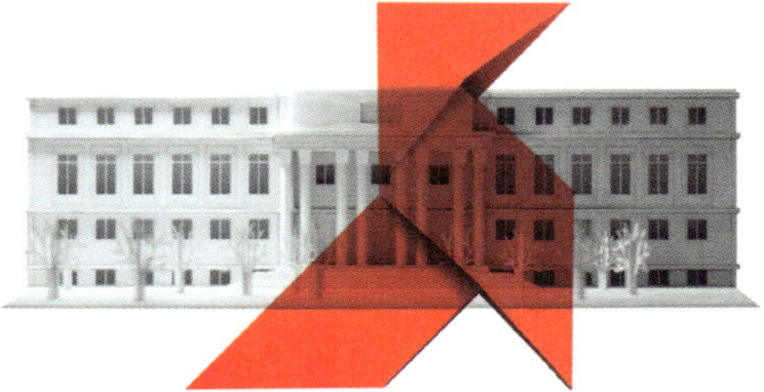

Ma prochaine destination est un garde-meuble situé à proximité de l'aéroport, ou c'est du moins ce qui était indiqué dans la valise. Il s'agit d'un ensemble d'entrepôts identiques, tous fermés par des rideaux métalliques bleu électrique qui s'ouvrent avec un code. J'espère que le numéro indiqué à côté de l'adresse est le bon. Les couloirs portent tous des noms de montagne. Ce petit écosystème abrite tout ce que les gens n'ont plus la place de garder chez eux mais dont ils ne veulent pas se défaire. Peut-être même davantage. Allez savoir ce que renferment ces lieux.

Lorsque ma mère est morte, j'ai brûlé toutes ses affaires et celles de Fiti, mais je n'ai pas eu à m'occuper de celles de mon père. Ma mère avait tellement hâte de l'oublier qu'elle s'en était elle-même chargée alors que son corps n'était pas encore froid. Me débarrasser de tous ces souvenirs a été pour moi une véritable libération. J'ai toujours été enclin à oublier, sans jamais y parvenir.

J'entre dans le box après avoir composé le code et j'y découvre un espace immaculé. Au milieu se dresse un énorme coffre-fort, presque aussi grand que moi, surmonté par une cocotte en papier. Une photo et une lettre sont posées sur la chaise qui lui fait face.

p. 185

Je n'ai même pas le temps de me retourner que je sens sur ma tempe le canon froid d'un pistolet. Mocassins se trompe sur mon compte. Ce n'est pas la première fois que je conçois la mort comme un soulagement. Ces derniers jours, j'ai vraiment cru que la chance avait tourné pour moi, mais son entrée en jeu est venue tout foutre en l'air et me rappeler que Jero Lamarca est né sous une mauvaise étoile.

Je sais qu'il ne va pas me tuer. Il a besoin de moi pour récupérer l'argent. Sergio et moi sommes les seuls à pouvoir jouer. Avant d'attraper la chaise, de me retourner et de l'en frapper de toutes mes forces, le visage d'Alejandra me revient à l'esprit, étendue sur le sol au milieu d'une flaque de sang.

Quelques secondes s'écoulent avant que je ne comprenne ce qu'il s'est passé. Son corps a rebondi contre le mur, puis tout s'est déroulé comme au ralenti. Lorsqu'il a tenté de pointer vers moi son pistolet, sa main est peu à peu retombée. Ses yeux de plus en plus vitreux m'ont fixé avec stupeur. Je ne comprends vraiment que lorsque je vois son sang s'écouler sur le sol, le crochet en fer accroché au mur en guise de porte-manteaux planté dans sa nuque. Il est mort.

C'était un accident, mais personne ne le croira. Ce n'est pas la première mort que j'ai sur la conscience et ce ne sera certainement pas la plus douloureuse. Comme dit Sergio, certaines choses ne peuvent pas être évitées. Je dois maintenant partir d'ici au plus vite.

Mon premier instinct est de courir, de tout abandonner et de m'enfuir. Mais au fil des ans, j'ai appris que les décisions guidées par la peur ne sont généralement pas les meilleures. J'inspire donc profondément avant de jeter un œil au coffre-fort. Quitte à en être arrivé là, autant essayer, pensé-je. D'ailleurs, c'est bientôt fini, Sergio me l'a dit lui-même. En outre, je dois admettre qu'au cours de ce voyage, la cupidité a doucement germé en moi.

Je descends le rideau du box sans en sortir. Un dernier effort et tout sera fini. En me concentrant bien, je peux y arriver. Les mocassins parfaitement immaculés du flic sans nom accrochent mon regard. Je décide de lire la lettre de mon ami en espérant que ses mots puissent m'apporter le calme dont j'ai besoin pour aller jusqu'au bout.

Cher Jero,

Il n'est pas nécessaire que je te raconte la fin, car les histoires ne finissent jamais vraiment, surtout si on a subi une perte irremplaçable en cours de route.

Les nuances, la compréhension de la différence entre ce qui est légal et ce qui est juste, nous ont finalement permis de nous évader. Nous avons tout risqué et c'est maintenant à chacun d'entre nous de décider si nous avons gagné ou perdu, et si le jeu en a valu la chandelle. J'ai toujours la cicatrice que la rage de Raquel a imprimée sur ma peau. Il n'était pas prévu que je tombe amoureux. Elle, Raquel, a été ma surprise, mon improvisation, la dame qui s'est glissée dans ma partie d'échec pour rendre tout échec et mat insignifiant.

Tu sais bien que lorsqu'on veut vraiment quelque chose, il faut le souhaiter de toutes ses forces. C'est ainsi que nous avons tous deux survécu à cet hôpital et c'est ainsi que nous continuerons à aller de l'avant.

Quoi qu'il en soit, je veux que tu saches que si tu en as envie, c'est maintenant que les choses vont vraiment commencer pour toi.

Avec toute mon affection,

Sergio

Je plie la lettre et la range avec les autres affaires.

Je me demande encore comment ils m'ont retrouvé. Il est presque six heures du matin. C'est seulement en regardant l'heure que je réalise que la puce se trouve certainement dans ma montre. Je récupère la photo, la cocotte et le codex par terre, puis je me remets au boulot. Je dois faire vite.

NUIOLEAMBLAIOTAO
6 4 2 3 5 1

Déchiffrez l'énigme pour savoir par où continuer.

Si besoin, vous pouvez consulter les indices figurant à la p. 149.

Écrivez la réponse ici pour ne pas l'oublier.

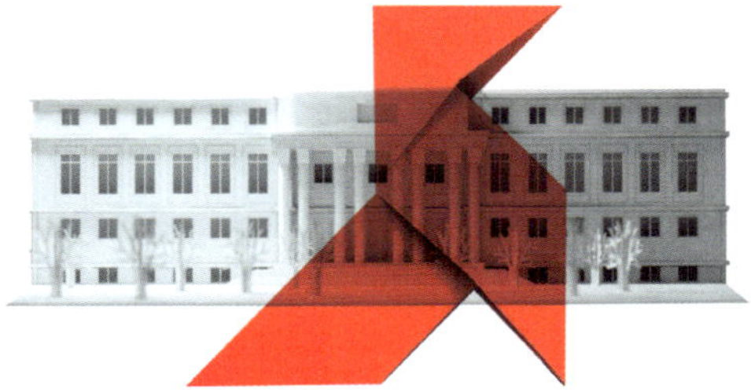

JERO RÉSOUT L'ÉNIGME DE L'AÉROPORT

Il vient de la p. 99.

Tout le monde sait que la bande de braqueurs dirigée par Sergio Marquina, plus connu sous le nom du « Professeur », a réussi à s'enfuir. Ce jour-là, dans de nombreux foyers modestes du pays où je ne pourrai plus jamais remettre les pieds, on a trinqué à leur santé en sortant la vaisselle réservée aux grandes occasions. C'en était une : ils avaient réussi.

Le casier n° 125 contenait un billet d'avion et un numéro de compte bancaire. Lorsque l'hôtesse m'a demandé si j'avais un bagage en soute à enregistrer, je lui ai répondu que non, que je n'avais que ce que je portais sur le dos. Elle m'a souri en me tendant la carte d'embarquement et m'a souhaité un bon voyage en m'appelant par mon nouveau nom.

Jero Lamarca a alors cessé d'exister.

Lorsque je ressors de la banque, je sais que ma chance a enfin tourné.

La ville où je me trouve n'est pas un mauvais endroit pour m'installer. C'est en tous cas un bon point de départ pour décider de ce que je vais faire durant les prochaines années.

Me lancer corps et âme dans le jeu que Sergio a inventé pour moi m'a réconcilié avec moi-même. J'ai retrouvé la meilleure partie de moi, ce petit garçon qui, aussi étrange que cela puisse paraître, a été heureux à l'hôpital. C'est plutôt ironique d'entendre ça de la part d'un homme qui y a laissé sa jambe.

Assis à la terrasse d'un bar du centre-ville, je sirote un café en attrapant, de-ci de-là, des bribes de conversations dans une langue qui commence déjà à me paraître familière. Je ne me cache plus de personne, sauf encore parfois de moi. Je laisse les rayons du soleil pénétrer par chacun des pores de ma peau. C'est agréable de ressentir de nouveau de la chaleur.

J'ai lu qu'ils ont retrouvé le cadavre du sous-inspecteur Gutiérrez (Mocassins pour moi) dans une déchetterie. L'article attribuait sa mort à un règlement de compte, expliquant que le cartel dans lequel il était infiltré avait fini par le liquider. Je ne sais pas pourquoi Noisette a fait ça, mais ça m'est égal. Je suppose que le nombre de flics corrompus commençait à faire déborder le vase. Ce qui importe, c'est que moi, je sache ce qu'il s'est passé et que je garde ce poids sur ma conscience.

Maintenant, je vais continuer de faire ce que je fais déjà chaque jour. Je chercherai une cabine téléphonique, j'y insérerai une pièce de monnaie et je composerai un numéro que je connais déjà par cœur. Je demanderai à ce qu'on me passe la chambre 306 et je sais qu'un de ces jours, ils m'annonceront qu'Alejandra est sortie de l'hôpital. Je pourrai alors enfin recommencer à dormir.

ÉPILOGUE

Un homme encore jeune descend à la station de métro de Callao. Il porte un imperméable de couleur claire et traîne derrière lui une petite valise. Qu'importe ce qu'il vient faire à Madrid, il n'y restera que quelques jours. Il boîte légèrement, mais marche avec l'assurance de quelqu'un qui sait où il va.

De près, il ressemble à un gars qui s'est un jour appelé Jero Lamarca, mais un autre nom figure sur son passeport. On sait tous que les apparences sont parfois trompeuses. En outre, ça va faire bientôt deux ans que le dénommé Jero a disparu de la surface de la terre.

Quoi qu'il en soit, il n'a aucune hésitation sur la marche à suivre. Il va d'abord commencer par louer une voiture pour se rendre à une rue quelconque d'une ville de province quelconque. Là, il entrera dans un bar qui s'appelle Bar, puis il sélectionnera une chanson sur le juke-box et les hurlements des loups-garous s'élèveront de nouveau. Enfin, si tout va bien, il emmènera la fille avec lui. Comme le disait l'un de ses amis, il y a toujours une dernière fois pour tout.

C'est sûrement à ça qu'il pense en montant les escaliers qui mènent à la plaza del Callao. Les gens réunis dehors ont tous les yeux rivés au ciel, vers un immense ballon dirigeable qui survole les immeubles de la ville. Les trappes s'ouvrent et une pluie orangée de cent quarante millions d'euros commencent à tomber sur eux. Tout le monde sait qui se cache derrière ce miracle. La combinaison rouge et le masque de Dali imprimés sur les côtés du ballon ne laissent planer aucun doute.

Le visage de l'homme qui ressemble à Jero Lamarca se fend d'un large sourire. Il sait que le Professeur a encore fait des siennes.

FIN

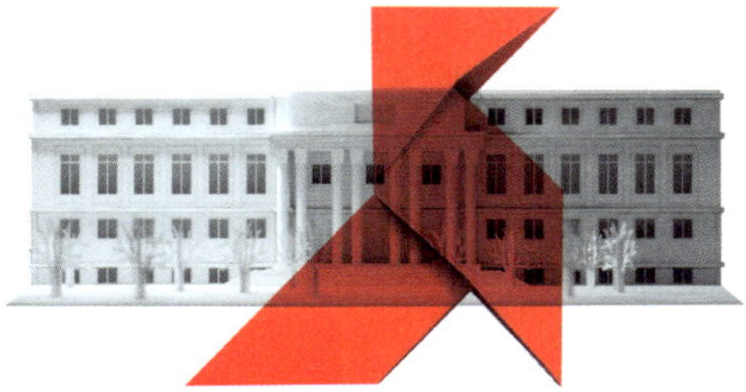

JERO RÉSOUT L'ÉNIGME DU RESTAURANT

Il vient de la p. 120.

J'ai donné le numéro de réservation qui se cachait derrière l'énigme et ça a fonctionné.

En voyant mon manteau bordeaux suspendu au vestiaire du restaurant, je réalise que ce n'est pas la meilleure couleur pour passer inaperçu. Le responsable me tend le ticket correspondant.

- On dirait que c'est votre jour de chance, Monsieur, me dit-il.

Le numéro qui m'a été attribué est palindrome.

C'est un homme obèse au crâne dégarni, mais quelque chose dans son sourire affublé de fausses dents me semble familier.

Le menu dégustation inclut quinze plats plus desserts. Ça va me prendre toute la nuit et je n'ai pas la moindre idée de ce que je dois chercher.

Lorsque j'aperçois son reflet dans la vitre en face de moi, je bondis sur mes pieds, comme un ressort. Le flic qui ne me lâche pas d'une semelle depuis quelques jours est là, planté devant l'entrée du restaurant avec ses fichus mocassins. Je bouscule le pauvre serveur qui passe derrière moi en renversant tout son plateau. Alors qu'il s'efforce de nettoyer le revers de ma veste, je me demande comment ils font pour me suivre partout. Il est évident que ce n'était ni la moto, ni le portable. Quoi qu'il en soit, ça ne change rien. Ils n'iront pas plus loin, car je vais régler les choses à ma façon.

Lorsque je finis par atteindre le couloir, Mocassins a disparu mais ne doit pas être bien loin. Qu'importe les dix millions d'euros, le jeu et les rêves que j'ai peu à peu tissés au cours de ces dernières nuits d'insomnie. Je suis convaincu que ce type a envoyé quelqu'un pour se débarrasser d'Alejandra. Il m'a suivi jusqu'au planétarium et, lorsqu'il a compris que j'avais identifié sa voiture, il a envoyé quelqu'un avec un véhicule de location surveiller la porte de la fille avec laquelle, bizarrement, je venais de passer la nuit. Je vais le tuer et, seulement ensuite, ils pourront me jeter en prison s'ils le souhaitent.

Le gars du vestiaire tend les mains pour me bloquer le passage. Il me dépasse de deux bonnes têtes.

- Lamarca, j'ai quelque chose pour toi, me dit-il.

C'est alors que je remarque son petit doigt tordu. Les changements opérés par les années et les kilos sont parfois troublants. J'aimerais le prendre dans mes bras mais je n'y arrive pas. Le sang bout dans mes veines et, avant de me laisser aller au sentimentalisme, j'ai quelqu'un à tuer. Ramírez doit le lire dans mon regard.

- Ne sois pas stupide, Sergio m'a laissé quelque chose pour toi. Tu as presque fini. Puis, pointant l'auriculaire vers la porte derrière laquelle se trouve certainement Mocassins, il ajoute : On finit toujours par récolter ce que l'on sème.

Il me conduit ensuite à une pièce avec un écriteau « PRIVÉ » sur la porte et me donne une valise fermée par un cadenas, ainsi qu'une enveloppe contenant une cocotte, une photo et une lettre. Lorsqu'il ressort, je l'entends tourner la clé dans la serrure. Il m'a enfermé ici, pris au piège.

p. 187

Selon ma montre, presque quatre heures et quart se sont écoulées entre le moment où Ramírez m'a enfermé dans ce bureau et l'instant où j'entends la porte se rouvrir. C'est un délai suffisant pour commencer à me demander si Sergio a bien fait de se fier à la brute qui lui filait autrefois des claques.

Pendant tout ce temps, je n'ai pas pu ouvrir la valise puisque le codex dont j'avais besoin pour cela se trouvait dans la poche de mon manteau suspendu au vestiaire. Les pires scénarios me sont passés par la tête. Comment ai-je pu être aussi bête, me suis-je demandé.

Toutefois, lorsque Ramírez revient avec mon manteau bordeaux entre les mains et qu'il m'explique avoir dû attendre le bon moment pour me sortir de là, je réalise que, comme bien d'autres durs à cuire avant lui, il a fini par être dompté par la vie, et ce, certainement de la manière forte.

Pendant ces longues heures, j'ai eu le temps d'apprendre presque par cœur la lettre de Sergio.

Jero, mon ami,

J'espère que tu t'es bien régalé. Je suis en tous cas sûr que j'ai réussi à te surprendre. Aussi étrange que cela puisse paraître, je n'ai jamais entièrement perdu le contact avec Ramírez.

J'ai donné le pistolet et l'épée à Raquel, dans cet ordre-là. Si elle avait voulu m'arrêter, elle aurait dû me tuer d'abord car me rendre ou abandonner les miens à leur sort n'a jamais été une option. Je savais ce que je faisais et j'en avais accepté le prix, comme nous l'avions tous accepté, chacun à notre manière. Je souhaitais faire comprendre à Raquel que je l'aimais et que je voulais être sincère avec elle. Oui, je sais bien que ce n'est pas ainsi qu'un homme déclare normalement sa flamme à une femme.

J'ai sabordé sa réputation et, par la même occasion, la possibilité d'avoir une personne raisonnable avec qui négocier de l'autre côté du combiné. De plus, la vie d'un homme qui avait placé toute sa confiance en moi ne tenait plus qu'à un fil trop fin pour en supporter le poids. Toute notre dignité reposait dans la pointe de la pioche avec laquelle nous frappions la paroi pour creuser un tunnel et le sortir de là au plus vite. Ne rien lâcher, telle était notre devise. Pour cela, nous devions travailler ensemble, avec chacun nos erreurs et nos bonnes idées.

Nous n'étions toutefois pas seuls, bien que nous ne l'ayons su qu'après. L'objectif était de mettre l'opinion publique de notre côté et nous avons réussi. Pendant que la police passait au peigne fin tout mon quartier, de nombreux anonymes leur ont refusé l'entrée de leur maison pour ralentir notre capture, prouvant ainsi que ce que nous faisions en valait la peine. J'espère seulement pouvoir un jour leur rendre la pareille.

Nous savions que la police pouvait entrer d'un moment à l'autre, mais loin de rester les bras croisés, nous avons redoublé d'efforts.

J'ai pleuré, Jero, j'ai beaucoup pleuré ce jour-là. Mais comme disait Moscou, « faut continuer à aller de l'avant sans r'garder en arrière ».

Sergio

P.-S. : N'abandonne pas, c'est bientôt fini. As-tu trouvé l'adresse et le code d'accès au garde-meuble dans la valise ?

Non Sergio, je n'ai rien trouvé bordel. Ton ami Ramírez est si bête qu'il a laissé le codex dans le manteau. Je lui ai demandé de me laisser seul un instant pour pouvoir me concentrer et cet abruti qui me faisait si peur lorsque j'étais petit a obéi sans rechigner.

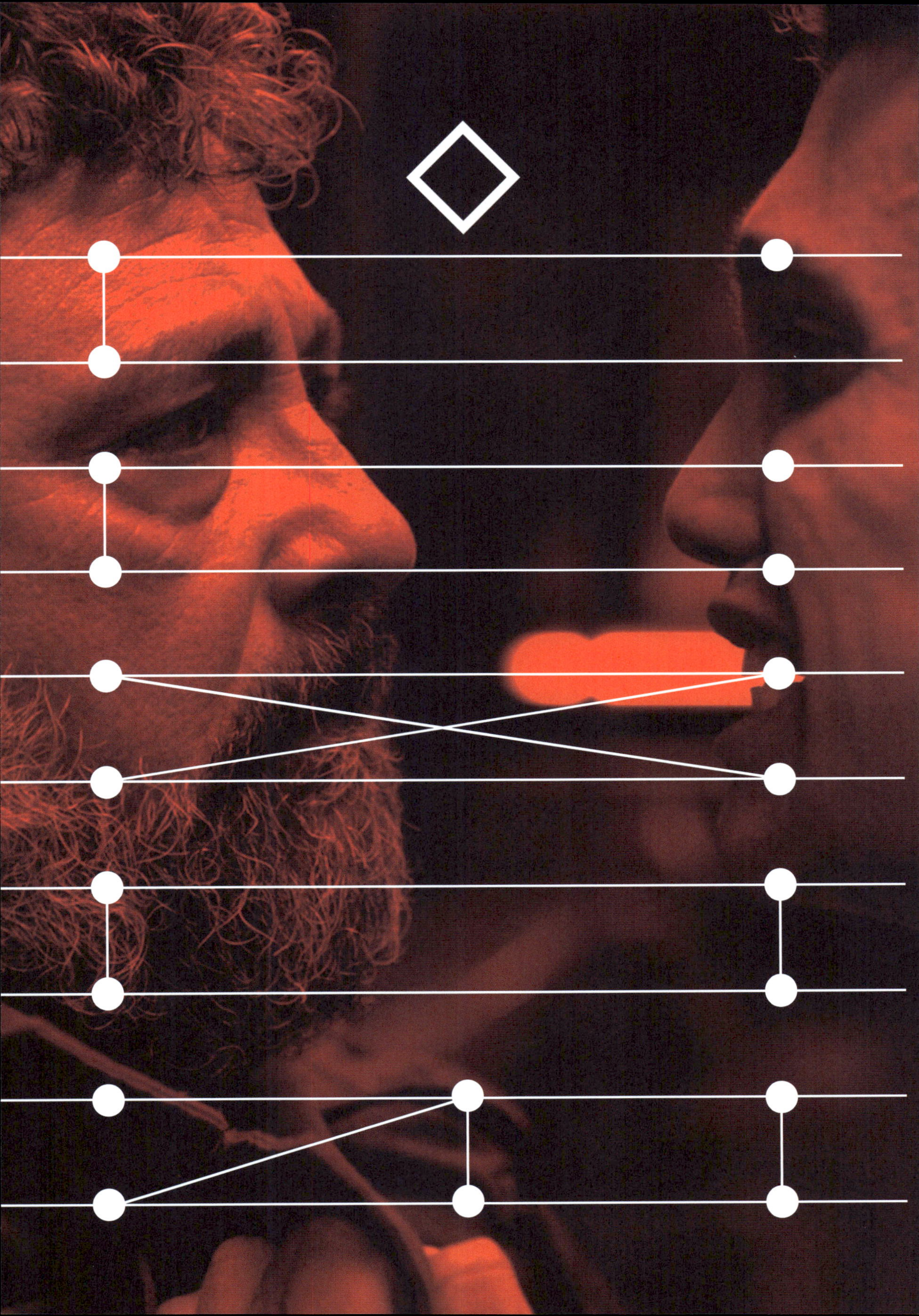

Déchiffrez l'énigme pour savoir par où continuer.

Si besoin, vous pouvez consulter les indices figurant à la p. 151.

Écrivez la réponse ici pour ne pas l'oublier.

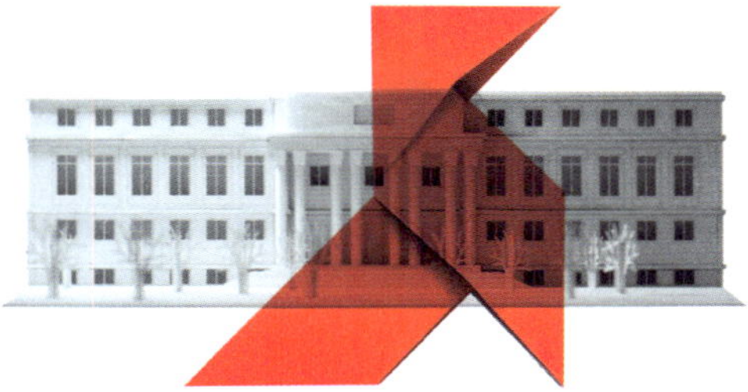

JERO RÉSOUT L'ÉNIGME DU PLANÉTARIUM

Il vient de la p. 106.

Le casier contient une cocotte en papier et une adresse. Ma prochaine destination se trouve dans une rue quelconque d'une ville quelconque, à cinquante kilomètres de Saint-Sébastien. L'autoroute est bondée et il est donc difficile de savoir si je suis suivi.

Dans le parking du planétarium, j'ai aperçu une Clio grise avec un phare avant cassé. L'anorak bleu à rayure jaune n'y était pas, mais je suis sûr que c'est la voiture personnelle de Mocassins. Je commence à penser que, contrairement à ses collègues, il a cru à mon histoire de jeu et de dix millions d'euros, ou peut-être a-t-il simplement décidé de me suivre, au cas où. J'imagine qu'il ne veut pas manquer sa chance d'avoir lui aussi droit à sa part du gâteau. J'ai rayé sa voiture d'un bout à l'autre avec les clés de ma moto. Je veux qu'il sache que je l'ai repéré.

Quand tout sera terminé, si ça se termine un jour, je devrai disparaître à l'instar de Sergio. Sauf que lui a consacré plus de la moitié de sa vie à mettre à exécution le plan imaginé par son père. Je me souviens parfaitement du soir où il m'a raconté que, cet après-midi-là, son vieux lui avait expliqué que l'argent se fabriquait dans une machine qui imprimait des billets à gogo. Bien que la lumière fût éteinte, j'ai su avec certitude qu'il avait les yeux grands ouverts.

Je suis arrivé à destination. Le gérant du local ne s'est pas trop cassé la tête. Il l'a appelé Bar, tout simplement. Mon ami a toujours aimé les choses avec une pointe de surréalisme. Quoi qu'il en soit, l'adresse ne fait aucun doute. C'est bien celle que j'ai trouvée à l'intérieur du casier n° 35, avec une nouvelle cocotte en papier. Ce que je ne sais pas en revanche, c'est ce que je fais ici.

J'ai compris dès que j'ai ouvert la porte. Je ne peux pas y croire. Ou plutôt, si. Depuis que j'ai commencé ce jeu, j'ai l'impression de vivre dans un état de somnolence permanent qui m'empêche de distinguer le rêve de la réalité. Les policiers qui m'ont détenu étaient bien vivants, ça je le sais. Mais il semblerait qu'au moins l'un d'entre eux se demande si je ne suis vraiment qu'un pauvre fou qui s'invente des jeux avec plusieurs millions d'euros à la clé. Il préfère en tous cas s'en assurer.

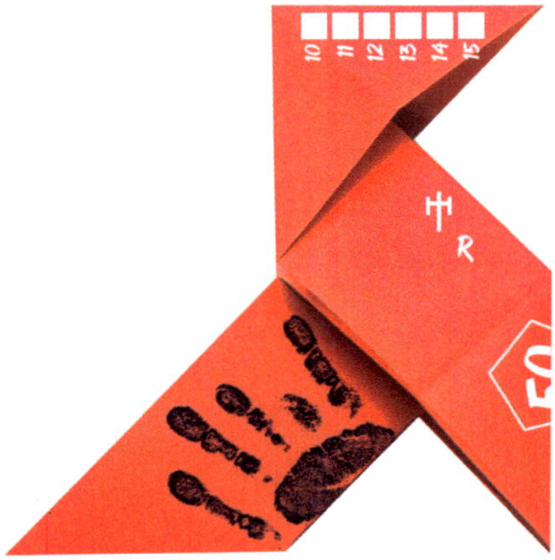

p. 189

Sergio et moi avons passé ensemble deux Noëls à l'hôpital. Pour ceux dont la santé ne leur permettait même pas de rentrer chez eux pendant les fêtes, la direction organisait chaque année un repas de fraternité, où les patients partageaient leur table avec leurs proches et le personnel de l'hôpital. C'était une ambiance étrange, où le sourire de la plupart des parents était trop figé pour être sincère. Carolina demandait toujours à changer ses tours de garde pour pouvoir participer à l'organisation et être avec nous. Enfin, pour qu'il s'agisse vraiment d'un jour spécial, ils faisaient venir l'une de ces machines à pièces musicales qu'on retrouvait alors dans la plupart des bars. Elle portait des étiquettes blanches et un clavier permettait de sélectionner la chanson. C'est moi qui en avais la charge.

Je l'ai maintenant devant les yeux, au milieu de ce bar sans nom. Que la fête reprenne ! Je ne sais pas si c'est la même machine, mais en tous cas, elle lui ressemble énormément.

La chanson que j'ai sélectionnée, *Hombre lobo en Paris* (*Un loup-garou à Paris)* du groupe La Unión, résonne déjà tandis que je m'approche du comptoir et que les larmes me montent aux yeux au souvenir de deux enfants en pyjama bleu, hurlant à la lune sur leur lit. Merci Sergio !

La serveuse me demande ce que je veux et lorsque je lui réponds un café, elle me regarde bizarrement. Elle n'est certainement pas habituée à ce que les gars comme moi prennent ce genre de boisson. Comment lui expliquer que je me suis assagi depuis bien longtemps ? Que même les quelques bières que je m'autorisais encore après la mort de Fiti ne font maintenant plus partie de mon quotidien ?

Alors qu'elle me demande comment je m'appelle, je me laisse aller à compter le nombre de baisers que je pourrais déposer sur le grain de beauté au-dessus de sa lèvre.

Il semblerait pourtant que j'ai mal interprété les signes. Lorsque je lui dis mon nom, elle me regarde fixement et m'indique de la suivre jusqu'à la réserve, où elle me remet un paquet qui porte la marque indéniable de Sergio : une enveloppe en papier kraft nouée par une ficelle. Même pour ça, il a des goûts classiques.

En jetant un coup d'œil par la fenêtre qui donne sur la rue, je n'aperçois personne. La fille au grain de beauté me laisse avec le souvenir de son odeur de pain frais.

Lorsque je dénoue le lien et que je déballe le paquet, une lettre, une photo et une boîte à bijoux avec une serrure à combinaison m'attendent.

Dans le bar, les lycanthropes se sont tus.

Cher Jero,

J'espère que tu as apprécié la surprise qui va avec cette lettre. Tu m'as souvent dit que tu avais demandé pendant des années un juke-box au Père Noël *et que celui-ci était toujours resté sourd* à tes prières, *sachant pertinemment que tu n'avais pas la place d'accueillir chez toi un objet aussi encombrant. Je te vois encore, assis sur le rebord de la fenêtre, concentré sur ta béquille que la force de ton imagination transformait en une guitare électrique.*

Je m'attarde sur ces souvenirs pour éviter d'en aborder d'autres plus récents, mais moins joyeux... J'ai terminé au commissariat, fiché, et j'ai dû déposer sur le plateau que me présentait un policier une fausse carte d'identité, les clés du hangar depuis lequel je dirigeais le braquage de la Fabrique nationale de la Monnaie et du Timbre, et un flacon de poison avec lequel j'avais failli assassiner la mère de l'inspectrice. Tout ce que j'avais dans les poches de mon pantalon. J'y ai aussi laissé l'espoir de ne plus jamais remettre les pieds dans un endroit comme celui-ci. Mon crime ? Avoir assommé l'ex-mari de Raquel. Bien qu'elle me prît pour son chevalier vengeur, j'avoue avoir été guidé par des raisons plus égoïstes. Savoir que c'était un connard qui battait sa femme m'a toutefois facilité les choses.

Je m'en suis sorti comme nous nous sommes tirés de bien d'autres mauvais pas, le corps plein de bleus et sauvé par le gong. Mais ça a été difficile, d'autant plus que l'heure tournait et que je ne pouvais toujours pas joindre la fabrique. Je savais également que Tokyo était interrogée durant ma détention. Certainement parce qu'elle était la plus impulsive, la plus intuitive, Tokyo a été la première à se sentir seule. Je devais donc m'arranger pour la convaincre au plus vite que quoi qu'il arrive, je ne les abandonnerais pas, ni elle, ni ses compagnons. En faisant retentir ma voix déformée dans la tente de commandement, j'ai réussi à retrouver le chemin de son cœur et je n'hésiterais pas à le retrouver autant de fois qu'il le faudra.

Je ne m'étalerai pas plus sur le sujet. Ce qui s'est passé par la suite est connu de tous, bien que bon nombre de détails soient en réalité mensongers. Lorsque j'ai enfin réussi à rejoindre le hangar, la police avait découvert ma véritable identité, le reste du groupe était sur le point d'exécuter Rio et tout était hors de contrôle.

Quand les choses sont rentrées dans l'ordre, la fabrique était devenue un matriarcat.

Sergio

P.-S. : Il n'y a pas de bijoux dans la boîte, ne te fais pas d'illusions.

Je suis retourné au comptoir, sans hâte, peu désireux d'abandonner cette oasis dans le temps. Cette nuit-là, las de fuir, j'ai laissé Alejandra, car tel était son prénom, me refaire une peau neuve sous la douceur de ses caresses. Ses étreintes étaient vides de tout reproche. En échange, j'ai déposé sur elle, à chacun de mes baisers, une note d'espoir qui a commencé à germer en moi il y a peu. Bien qu'elle ne le sache pas, c'est la seule chose que je puisse lui offrir car je ne possède rien d'autre.

Alejandra est encore endormie. La boîte à bijoux est posée sur la table, attendant d'être ouverte. J'ai avec moi le codex, les cocottes en papier et les photos réunies jusqu'à présent.

Déchiffrez l'énigme pour savoir par où continuer.

Si besoin, vous pouvez consulter les indices figurant à la p. 153.

Écrivez la réponse ici pour ne pas l'oublier.

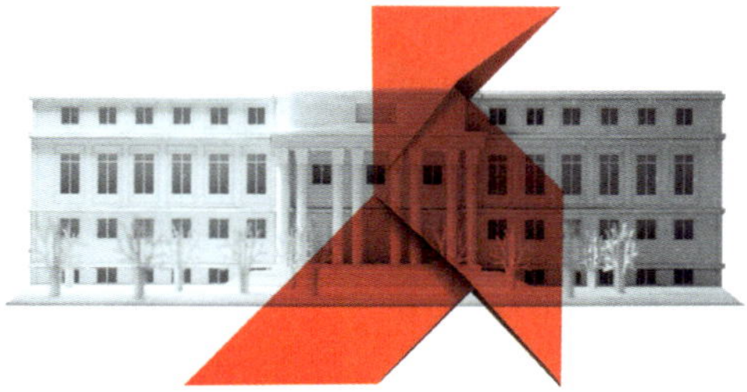

JERO RÉSOUT L'ÉNIGME DU MOTEL

Il vient de la p. 113.

J'ai enfin réussi à ouvrir le coffre-fort et j'y ai trouvé deux compartiments. Le premier contenait une nouvelle photo, une nouvelle cocotte en papier et une nouvelle lettre. Le deuxième est fermé et il faut un code pour l'ouvrir. Merde ! Je sais que Sergio ne pouvait pas prévoir ce qui allait se passer, mais il complique le jeu à l'instant précis où la police semble avoir découvert notre relation...

Les agents dehors commencent à s'énerver. Je crois qu'ils n'auront aucun scrupule à enfoncer la porte si je ne leur ouvre pas. Je sais parfaitement reconnaître le ton d'une personne très énervée. Je dois me dépêcher.

Le même picotement. Certaines sensations sont inéluctablement liées à des souvenirs. Chaque fois que je mange des aubergines au miel par exemple, je repense à ma grand-mère. Chaque fois que j'embrasse une femme pour la première fois, je me souviens du goût Coca-Cola cigarette de ma première petite-amie. Chaque fois que je tente de semer quelqu'un, je revois le rideau à carreaux rouge et blanc qui dissimulait l'espace sous l'évier où se cachaient deux petits garçons qui voulaient s'enfuir d'un hôpital. Personne ne m'a jamais expliqué en quoi consistent les connexions émotionnelles que nous établissons en nous-mêmes.

Avant que ma jambe ne soit amputée, Sergio et moi avons tenté de nous enfuir, mais nous nous sommes faits prendre à l'arrêt de bus qui se trouvait juste devant l'entrée de l'hôpital. Lorsque Carolina l'a su, nous lui avons fait tant de peine qu'elle a parlé aux médecins et qu'elle nous a fait monter dans sa voiture pendant son après-midi libre pour nous emmener faire une virée au centre-ville. Alors que nous traversions l'Alameda del Boulevard, nous avions réellement l'impression d'être Paul Newman et Robert Redford, accompagnés de la plus belle femme qui soit. Malheureusement, nous avions grandi bien plus vite que les pantalons que nous portions lors de notre admission et les chaussettes blanches qui dépassaient de nos chaussures nous donnaient l'air de péquenauds.

Je devrais m'interrompre et aller voir ce qu'il se passe dehors, mais l'adrénaline me fait bouillir le sang dans les veines. Le prix à gagner est de dix millions d'euros. C'est la différence entre poursuivre le jeu ou passer ma vie avec la frustration de ne pas savoir ce qu'il se serait passé. Si j'abandonne et que ces gars débarquent dans la chambre en saccageant tout sur leur passage, je ne saurai jamais si cet argent est là-dedans et si cette épreuve est la dernière, ni par où poursuivre le parcours semé d'indices que m'a tracé Sergio. Je ne saurai pas non plus si je pourrais un jour le retrouver quelque part, ni si Jero Lamarca est capable de terminer ce qu'il commence. Quoi qu'il en soit, ce n'est pas le moment de philosopher. Je ne dois pas oublier qu'abandonner n'a jamais été une option, même s'il ne s'agit que d'un stupide jeu d'enfants.

J'essaie d'être optimiste mais je l'ai déjà dit, je suis né poisseux et je rencontre toujours un tas d'embûches sur le chemin. Ce n'est pas grave car avec le temps, j'ai appris à serrer les dents et à naviguer contre vents et marées.

Je sais parfaitement que c'est complètement irrationnel, mais je vais lire la lettre et tenter de trouver le code qui ouvre le compartiment intérieur. J'espère cette fois pouvoir éviter les obstacles et leur filer entre les doigts au dernier moment, comme dans un mauvais film du dimanche soir.

Cher Jero,

J'espère que tu as aimé ta chambre et tout ce qu'elle contenait. J'ai hâte que tu découvres ta prochaine destination. Je suis sûr que tu sauras apprécier ce que tu y trouveras à sa juste valeur.

Tu n'as jamais aimé les montagnes russes, n'est-ce pas ? C'est ce qu'a été pour nous le braquage de la Fabrique nationale de la Monnaie et du Timbre. Parfois, nous étions au sommet et parfois, nous étions au plus bas. Aucune transition entre les deux. Je dois quand même avouer que lorsque les choses se déroulent exactement comme prévu, le plaisir que l'on ressent est très proche du bonheur. Il faut néanmoins savoir se contrôler dans les bons moments comme dans les mauvais, car les extrêmes ne font jamais bons conseillers.

Le temps était notre mot porte-bonheur. Nous n'avions qu'à semer quelques miettes et attendre que la police morde à l'hameçon pour la mener à une impasse et la distraire du véritable objectif, tandis que les machines imprimaient sans relâche des billets de cinquante.

Lorsque nous avons lancé le plan Valence (comment appeler sinon un plan qui consiste à tirer dans le vide pour faire le plus de bruit possible, comme s'il s'agissait d'une pétarade des Fallas), la police a imaginé ce que nous voulions qu'elle imagine : que nous étions devenus fous et que nous avions commencé à tuer des otages. Ils ont donc bien entendu demandé des preuves de leur survie et nous les leur avons accordées.

Je peux d'ailleurs affirmer avec beaucoup de fierté et de soulagement que tous nos otages étaient sains et saufs. Le directeur Arturo Román se remettait petit à petit, alors que Denver prouvait qu'il était quelqu'un de bien et faisait honneur aux valeurs inculquées par son père en sauvant la vie de Mónica Gaztambide sans hésiter à mettre la sienne en danger.

Lorsque l'inspectrice Murillo a compris que les vidéos que nous lui avions envoyées pour preuves avaient été manipulées, elle a exigé, exactement comme nous l'avions prévu, d'entrer dans la fabrique pour vérifier par elle-même que tous les otages étaient en vie. Nous lui avons donc ouvert nos portes avec plaisir. De cette façon, nous gagnions du temps. Ce que je viens de te raconter, c'est la partie où nous sommes au sommet de la montagne russe.

La chute arrive après, lorsque j'apprends que mon cheval de Troie, en fin limier, a suivi notre trace jusqu'à la pharmacie de Palomeque où Berlin avait ses habitudes. Tu es au courant de sa maladie, je suppose.

Cette nuit-là, j'ai dîné avec l'inspecteur Murillo. C'est elle qui m'a demandé de rester. Je ne sais pas si j'aurais osé sinon. Ni sa plaque de police, ni sa rigueur professionnelle ne m'avaient préparé au manque d'assurance dont elle a fait preuve lors de son premier rendez-vous depuis de nombreuses années. Finalement, nous avons tous deux réussi à nous détendre, sans savoir que cela nous mènerait ensuite droit en enfer.

Mais je vais trop vite. Avant cela, un sous-inspecteur expérimenté avec beaucoup de flair a découvert l'emplacement exact du hangar depuis lequel je contrôlais tout. Ensuite, notre otage vedette, la fille de l'ambassadeur, s'est cachée dans un coffre-fort en nous empêchant d'apporter les preuves de survie nécessaires. C'est ainsi que, pour la énième fois, tout mon plan a été sur le point de tomber à l'eau.

Je t'embrasse,

Sergio

P.-S. : Pour résoudre la prochaine énigme, tu dois additionner le nombre de lettres qui composent la clé avec le code correspondant.

p. 191

Semer des miettes Sergio, c'est bien de cela dont il s'agit. Semer des miettes pour retrouver le chemin du retour. Ils ne mettront pas la main sur ce qui m'appartient.

J'ai préparé un sac en plastique pour pouvoir y ranger au dernier moment tous les objets compromettants réunis jusqu'à présent : les lettres, les cocottes en papier, le codex... Si je n'arrive pas à ouvrir le compartiment intérieur du coffre-fort avant l'arrivée de la police, je jetterai tout dans le monte-charge et je l'enverrai vers les étages inférieurs. J'espère juste qu'il s'arrêtera là où il pourra être récupéré par un gars bien comme le gothique. Je dois me dépêcher, ils se rapprochent.

Déchiffrez l’énigme pour savoir par où continuer.

Si besoin, vous pouvez consulter les indices figurant à la p. 155.

Écrivez la réponse ici pour ne pas l’oublier.

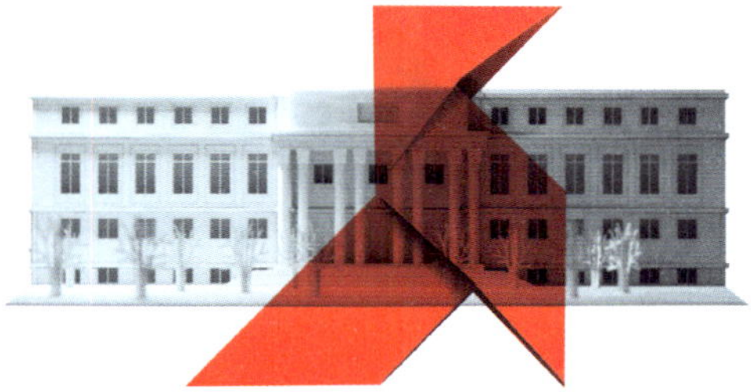

JERO RÉSOUT L'ÉNIGME DU CIMETIÈRE

Il vient de la p. 136.

J'ai décidé de retourner à Saint-Sébastien et de dormir chez mes parents, dans ce petit appartement sombre où ils ont vécu jusqu'à ce qu'ils retournent dans leur village d'Estrémadure. Je ne peux pas me permettre plus de folie. Demain, à la première heure, je veux me rendre à la librairie de livres anciens du centre-ville que m'a indiquée Sergio. Je troque avec bonheur les tombes pour les bouquins.

L'appartement n'est plus que poussière et fantômes, mais deux lits simples se trouvent encore dans la chambre que je partageais avec mon frère Fiti. Je n'ai jamais réussi à me défaire de la carte du monde que nous avions accrochée au mur avec des punaises.

Je ne sais pas pourquoi Sergio m'a laissé sa boîte à canards dans le caveau d'un cimetière de Tolède. C'est peut-être sa façon de me dire qu'il l'a conservée jusqu'à la fin. Il était comme ça, si métaphorique que même moi, qui le connaissais mieux que quiconque, je n'arrivais pas toujours à le comprendre.

J'ai rangé la lettre, la cocotte et la photo dans mon sac de voyage, avec le reste des indices. J'ai ensuite mis dans une poche à part le couteau suisse qui lui appartenait et l'autocollant de Johan Cruyff. Cette image, qui était la plus précieuse de ma collection, s'est évaporée du jour au lendemain de l'hôpital, comme par magie. Merci Sergio !

p. 193

Il ne fait pas l'ombre d'un doute que Sergio est quelqu'un d'honnête, mais la vie prend parfois des détours qu'on aurait préféré pouvoir éviter.

Lorsque j'ai vu sa photo à la télé, j'ai eu du mal à le reconnaître sous toute cette barbe, malgré ses éternels airs d'enfant bien élevé. Je suis sûr qu'il fait partie de ceux qui trient leurs vêtements par couleur, qui cirent leurs chaussures avant d'aller se coucher et qui préparent leurs habits la veille pour le lendemain. Il le faisait déjà quand il était petit. Chaque soir, il alignait parfaitement ses chaussons sous son lit et laissait sa robe de chambre en évidence, afin de pouvoir la trouver s'il devait se lever dans la nuit pour aller aux toilettes. Nous autres, nous nous contentions d'avancer à tâtons, pieds nus, et si notre pantalon de pyjama tombait en chemin, nous cachions notre nudité d'une main sur le devant et d'une autre sur le derrière.

Dans les bars et les cafés, les pseudo-experts disent que Sergio ne correspond pas au profil avec son physique de premier de la classe, sa veste de costume et sa cravate. Moi, ce genre de réflexions m'a toujours fait rire. À quoi devrait ressembler le parfait voleur selon eux ? À ces gars couverts jusqu'aux sourcils qui volent à l'arrachée dans la rue ou à ces gens qui vont chaque jour se confesser, qui savent parfaitement quels couverts utiliser pour le poisson, et qui versent sur leur compte l'argent qu'ils n'ont pas gagné par la sueur de leur front ? Parce qu'eux aussi ce sont des voleurs, non ? Chaque jour, ils nous font les poches en toute impunité, avant de rejoindre tranquillement le lit conjugal.

Moi, je ne dors pas. Pas une seconde. Et ce soir, étendu sur le dos dans le lit de mon frère, je n'ai rien de mieux à faire que de relire la lettre de mon ami.

Très cher Jero,

Je ne t'ai pas demandé, comment va Carolina ? Lui as-tu fait part de tes sentiments ou y as-tu renoncé une fois de plus ? Je suis sûr que j'étais son préféré, mais je dois reconnaître qu'elle te laissait toujours la meilleure part, ce qui me laisse quelque peu dans le doute.

Quoi qu'il en soit, encore désolé de t'avoir envoyé à un cimetière. Je veux aussi mettre les choses au clair avant de poursuivre : ce n'est pas moi qui ai volé ton autocollant. C'est Ramírez, le gars au petit doigt tordu, mais ça, c'est une autre histoire.

La police a tiré sur ceux qui étaient sur le toit et a blessé par erreur l'un des otages, Arturo Román, le directeur de la fabrique. L'inspectrice Murillo avait raison lorsqu'elle a dit que s'il mourrait, l'opinion publique saurait que nous n'avions pas autorisé son tranfert à l'hôpital. C'est pourquoi j'ai accepté les risques que cela impliquait et j'ai laissé entrer une équipe médicale dans la Fabrique nationale de la Monnaie et du Timbre. Tout était prêt pour recevoir leur visite.

Si l'inspectrice avait pu prévoir ce qui se passerait, elle n'aurait certainement pas laissé l'un des siens, son ami et son bras droit le sous-inspecteur Ángel Rubio, s'infiltrer parmi les médecins. Cela m'a en effet permis de l'utiliser comme un cheval de Troie. Te souviens-tu de l'histoire ? Sans même s'en rendre compte, il nous a conduit en plein cœur des rangs ennemis. Une fois de plus, le hasard jouait en notre faveur. Un simple microphone incrusté dans ses lunettes et le sous-inspecteur rejoignait notre équipe en nous donnant tous les éléments dont nous avions besoin pour remporter la bataille.

Ce jour-là non plus, ils n'ont pas réussi à entrer dans la fabrique. Notre plan recommençait à fonctionner, même si tout ne s'était pas passé exactement comme prévu.

Sergio

P.-S. : Tu dois maintenant trouver le livre que tu n'as jamais terminé dans la librairie de livres anciens du centre-ville de Saint-Sébastien.

En début de matinée, lorsque je sors de l'immeuble de mes parents, j'aperçois le type des mocassins déjà attablé autour d'un café, dans le bar d'en face. Il croit peut-être duper les autres avec sa tête du gars sans histoire, mais c'est mon quartier et je pourrais distinguer qui est des nôtres et qui est des autres les yeux bandés. Et lui, il est clairement des autres. Il ne me reste plus qu'à savoir si c'est un flic professionnel ou simplement un mouchard amateur.

Je suppose en tous cas que la ville est truffée de types comme lui. Je n'écarte pas la possibilité que quelqu'un avec un peu trop de temps libre sur les bras soit tombé sur mon nom dans la biographie de Sergio et ait décidé d'en savoir plus sur le camarade d'hôpital du génie qui a su contrecarrer tous les plans de la police. On a déjà vu plus étrange.

Si c'est le cas, nous allons rire un bon coup, car, infirme ou pas, je fais un excellent lièvre en course à pied. Je vais le faire tourner en rond tant et si bien qu'il va se prendre les pieds dans les franges de ses mocassins. Il ne sait certainement pas encore à quel point je déteste qu'on me surveille, qu'on me suive et même qu'on m'épie du coin de l'oeil. Enfin, il est temps de me remettre en selle.

Il m'a fallu précisément trente-six minutes pour semer la voiture blanche qui me suivait. Deux personnes se trouvaient dans le véhicule et, même si je n'ai pas pu voir qui conduisait, c'était un bien meilleur conducteur que prévu.

D'après le site, la librairie ouvre à neuf heures mais dix minutes se sont déjà écoulées avant qu'un gars en polaire ne vienne lever le rideau métallique. Son réveil n'aura pas sonné. Il manque de discipline, dirait certainement Sergio, bien que je n'ai jamais connu quelqu'un d'aussi tolérant que lui pour les défauts d'autrui. Selon lui, il y a toujours deux versions à une seule et même histoire, bien que certaines soient plus dures à avaler que d'autres.

Sergio a grandi d'un coup le jour où il a découvert que les récits de cambriolage et de braquage de son père n'étaient pas du cinéma, mais une façon de vivre comme une autre. Il ne m'en voudra certainement pas de vous confier qu'il en a pleuré. Je ne rougis pas non plus des sanglots que j'ai moi-même versés lorsqu'il m'a tout raconté, surtout que cela a été la cause de notre séparation si brutale. Le jour suivant la mort de son père, criblé de balles devant la Banque hispano-américaine alors qu'il tentait de voler le pain de la moitié des habitants du pays, ma mère m'a sorti de l'hôpital avec préméditation et traîtrise, alléguant que son fils ne pouvait pas être mêlé à de la racaille.

Une sonnette annonce mon entrée dans la libraire. J'aurais préféré qu'elle soit plus discrète, car ce son harmonieux ne convient pas à la dureté de mon regard, je le sais.

Je dois trouver l'exemplaire qui nous appartenait, celui sur lequel j'avais dessiné un coeur au feutre indélébile en inscrivant un « S » et un « J » pour Sergio et Jero d'un côté de la flèche et un « C » de Carolina de l'autre. Le livre était une édition limitée de celles qui cherchent à donner une fausse impression d'ancienneté. Je me renseigne auprès du gars en polaire et celui-ci n'hésite pas une seconde. Je me demande quand et comment Sergio a bien pu imaginer ce parcours et y impliquer autant de complices.

Sans un mot, il me conduit à l'étage supérieur et me guide jusqu'à un recoin isolé derrière un rideau, où il me laisse seul. J'y trouve ce que je cherchais. Je dois maintenant découvrir le moyen d'ouvrir le cadenas de la boîte en méthacrylate renfermant l'exemplaire du *Nom de la Rose* qui nous a donné tant de joie à l'époque. Si possible, j'aimerais le faire sans me causer de lésions permanentes. Entre la poussière de la maison de mes parents et celle qui s'amoncelle ici, j'entends presque les acariens se régaler avec mes poumons.

Je suis distrait par le tintement de la sonnette d'entrée. Au bout de quelques secondes, je perçois l'odeur de noisettes grillées de la fille du parking de Tolède. Je jette un coup d'œil par-dessous le rideau et j'aperçois une paire de bottes à talon noires et des mocassins à franges.

- Il ne peut pas être bien loin, nous devons faire attention à ne pas être vus.

La voix féminine semble appartenir à quelqu'un qui a fumé plus que de raison. J'ai moi-même arrêté la cigarette avant la boisson.

Je suis tenté d'ouvrir le rideau pour leur demander ce qu'ils me veulent, mais je sais qu'en faisant cela, je leur dévoilerai les lettres de Sergio. De toute façon, je ne fais rien d'autre que jouer. Je retourne donc à mes affaires tout en restant sur mes gardes.

J'ai avec moi tous les indices réunis jusqu'à maintenant, y compris la cocotte en papier et la photo trouvées dans la boîte à canards que Sergio avait cachée dans le cimetière.Descifra el enigma para saber por dónde continuar.

Déchiffrez l'énigme pour savoir par où continuer.

Si besoin, vous pouvez consulter les indices figurant à la p. 157.

Écrivez la réponse ici pour ne pas l'oublier.

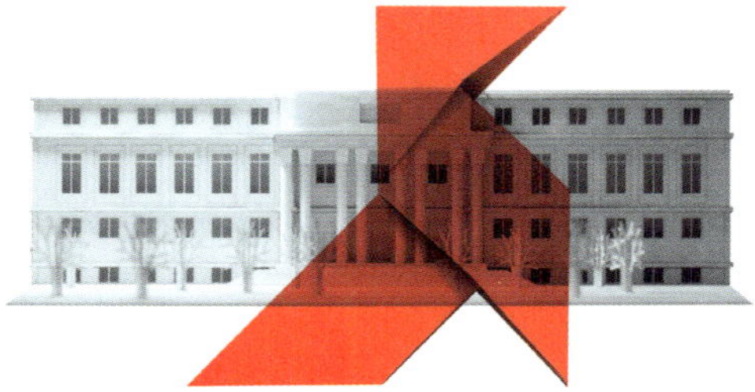

JERO RÉSOUT L'ÉNIGME DE LA BOÎTE EN LAITON

Il vient de la p. 14.

Il n'a jamais eu son pareil pour inventer des jeux de réflexion. Il me tenait éveillé des heures durant, indifférent aux voix des infirmières qui passaient dans le couloir, au sifflement des machines, au murmure constant des hôpitaux et à la sensation d'être en cage, loin de chez moi. Il avait cette capacité d'abstraction qui m'a toujours manquée pour mener un raisonnement à terme.

Je ne sais pas si l'hiver est fini en dehors de l'atelier, je ne pense pas, mais je ressens tout à coup une chaleur dans la poitrine que je n'avais plus ressentie depuis longtemps, comme si l'été avait été rayé du calendrier. J'ai maintenant quelque chose de concret à faire, un chemin à suivre, un jeu à jouer. J'ai essayé d'être quelqu'un de bien comme il faut, mais ça n'a pas suffi. Je sais que le seul destin qui existe est celui qu'on se trace. J'ai tout tenté pour faire tourner le garage mais, quoi qu'on en dise, ce n'est pas l'envie de bien faire qui paye les factures. Finalement, la réalité m'a rattrapé comme bien d'autres avant moi.

À l'heure actuelle, je n'ai donc rien de mieux à faire que de me détendre et de me rappeler que nous avons tous été enfant un jour, bien que la nôtre n'ait pas été une enfance ordinaire.

J'ai réussi à ouvrir la boîte à biscuits qui se trouvait dans le colis. Elle renfermait une nouvelle photo, une nouvelle lettre, une nouvelle cocotte en papier et une nouvelle adresse, qui, maintenant que je l'ai sous les yeux, me semble la destination la plus naturelle pour nous. Je n'y ai en revanche pas trouvé un seul fichu gâteau.

Quelques minutes m'ont suffi à réunir le peu d'affaires que je possède et à les ranger dans mon sac de voyage, à baisser les stores et à me mettre en route pour l'hôpital San Juan de Dios de Saint-Sébastien. Si rien n'a changé, j'y retrouverai un bâtiment de trois étages avec un balcon à colonnade blanche et tout un monde à explorer à l'intérieur, surtout pour deux gamins qui rêvaient comme tous les autres enfants de leur âge de jouer et de s'amuser autant que possible. Nos jeux étaient toutefois moins fréquents, et parfois même plus lents que ceux des autres. Tout dépendait de notre état de santé au réveil.

En arrivant à La Concha, j'ai eu l'impression que le cours du temps s'inversait. Les jours d'hôpital semblaient soudain très proches, alors que les événements récents s'éloignaient, comme si des siècles s'étaient écoulés entre-temps. Je vais essayer de ne pas me laisser submerger par les souvenirs.

La plage était presque déserte, à l'exception d'une douzaine de personnes qui se promenaient ou qui jouaient avec leur chien. Je me suis donc assis sur le sable et me voilà maintenant, transi de froid. En bord de mer, le froid est différent, plus dense, plus pénétrant mais qu'importe, j'aime l'odeur de l'océan. En revanche, je ne m'y aventurerais pas. Je ne sais pas nager et une telle quantité d'eau m'a toujours terrifié. Eh oui, les durs aussi ont peur. La seule différence, c'est que nous nous cachons derrière notre veste en cuir noir pour ne pas qu'on le remarque.

Très cher Jero,

Si tu lis ces mots, c'est que tu as décidé de poursuivre le jeu que je t'ai concocté. Je n'en ai jamais douté.

Dans ma dernière lettre, je te demandais de ne pas écouter tout ce qu'on dit sur moi et, si tu le permets, je vais profiter de ces missives pour te donner ma version des faits. Je voudrais que tu la connaisses, surtout que tu étais présent lorsque l'idée est née. C'était là-bas, dans cette chambre d'hôpital où nous écoutions les histoires que nous racontait mon père. T'en souviens-tu ?

Les premières heures du braquage ont été très angoissantes, comme si le lien fragile qui nous unissait tous s'était rompu lorsque je me suis retrouvé seul dans ce hangar, sans nouvelles d'eux.

Seules quelques informations filtraient et, jusqu'à ce que Río n'allume les caméras qui me permettaient de voir à l'intérieur de la fabrique, ça a été très difficile, je ne vais pas te mentir. Oui, il y a eu des moments compliqués. Mais quand j'ai vu les téléphones des otages collés au mur avec du scotch, j'ai su que tout se déroulait comme prévu. Tous nos espoirs étaient placés dans ce collage mural formé de portables.

La fusillade était prévue. Le but était de simuler un affrontement entre les braqueurs et les forces de l'ordre, mais les consignes étaient de tirer au sol. Nous voulions qu'il ne puisse y avoir qu'une seule réaction possible lorsque les médias parleraient de nous et que les familles se demanderaient à quoi nous jouions : « Si seulement j'y avais pensé avant ! » Mais cela ne pouvait se faire qu'à une seule condition. Il ne devait y avoir aucune victime, ou nous passerions des héros aux méchants en un clin d'œil. J'ajoute que je n'ai jamais non plus été partisan de la violence.

Toutefois, comme le dit la demoiselle Tokyo, les choses ne se passent pas toujours comme prévues et, à ce stade, je ne peux que lui donner raison.

J'ai consacré cinq mois de ma vie à les préparer à cet instant, ce moment où ils devraient prouver que je ne m'étais pas trompé en leur confiant mon rêve. Eux donnaient l'impression pendant ce temps-là de m'écouter attentivement. Je pense qu'ils se laissaient parfois distraire par leurs pensées, comme nous le faisions lorsqu'on venait nous faire cours à l'hôpital.

Il n'y a pas longtemps, par l'un de ces hasards inexpliqués, j'ai appris pour ton frère Fiti. Tu sais que je ne te mens pas lorsque je te dis que je suis sincèrement désolé. Ce jeu est une façon comme une autre de te rappeler que tu peux toujours compter sur mon amitié.

J'espère que tu prendras autant de plaisir à y jouer que j'en ai pris à le préparer pour toi. Et surtout, ne t'inquiète pas. Si tu n'y arrives pas jusqu'au bout, nous ferons comme autrefois. Je te donnerai la réponse et nous prétendrons que tu l'as trouvée tout seul. Tu pourras ensuite manger le flan que nous pariions toujours.

Sergio

P.-S. : Les cocottes en papier que je fabriquais pendant que je parlais à la police étaient rouges. Est-ce toujours ta couleur préférée ? Je suppose que tu n'as pas oublié comment te rendre à l'hôpital, n'est-ce pas ?

p. 195

Nous ne voyions pas la mer depuis la chambre où nous étions hospitalisés, mais nous la cherchions partout en reniflant. Sergio (« le Professeur » pour le reste du monde) avait en effet la théorie qu'il était impossible de ne pas la sentir. Selon lui, les courants d'air se liguaient pour porter l'odeur du sel à toutes les maisons de Saint-Sébastien, en s'infiltrant par chaque interstice. Je ne sais pas s'il pensait vraiment ce qu'il disait, mais en tous cas, nous autres qui étions là, nous y croyions dur comme fer, surtout moi. Il avait treize ans et je venais tout juste d'en avoir onze. C'est peut-être à lui que je dois mon odorat si fin pour certaines odeurs.

Nous formions une grande équipe. Je m'attirais toujours toutes sortes d'ennuis et il prenait ma défense à chaque fois, au risque de se prendre des claques. C'était d'ailleurs souvent le cas. Parfois, il tentait d'embobiner notre adversaire en inventant des histoires. Il avait l'art de manier les mots. Mais avec Ramírez, le type au petit doigt tordu, il se faisait toujours attraper. Celui-ci lui filait généralement une tarte avant-même que Sergio n'ait eu le temps d'ouvrir la bouche.

Allez, debout. Il est temps de revenir à la réalité et de me mettre en route, ou ma jambe artificielle, malmenée par tant d'humidité, va devenir encore plus raide qu'elle ne l'est déjà. Ce n'est néanmoins rien que je ne connaisse pas, un simple vestige de la maladie que j'ai eue gamin et qui s'évertue encore parfois à me rappeler que je ne peux plus courir. « Il vaut mieux marcher lentement et réfléchir vite que marcher vite et réfléchir lentement », comme disait Sergio. Nous n'étions alors que des enfants, mais lui comprenait déjà tout ce que cela impliquait. Enfin bon. Il a toujours été le plus intelligent des deux, je crois que je l'ai déjà dit. Moi, j'ai passé ma vie à essayer de vaincre la douleur et avec un peu de chance, j'y arriverai peut-être un jour. Parfois, je suis plus triste qu'optimiste. Je n'ai pas toujours été ainsi.

Lorsque j'ai rejoint l'avenue de Sancho el Sabio depuis la calle Easo, je n'ai presque rien reconnu. Je suis devenu un étranger dans cette ville. Je remonte maintenant l'avenue Carlos I et, plus je vois l'hôpital se rapprocher, plus je me recroqueville sur moi-même, prêt à me faire engloutir.

En entrant, je perçois une odeur familière de soupe aux légumes. Je monte au deuxième étage, tourne à droite et aperçois notre chambre. Ils ont repeint les murs sans toutefois parvenir à tapisser l'essentiel, comme si le passé était resté collé à la peinture blanche qui recouvre à présent le bleu pâle de mes souvenirs.

À la place des deux lits d'autrefois, il n'en reste plus qu'un, où est maintenant allongée une vieille dame si profondément assoupie qu'elle ne bouge pas d'un poil lorsque j'entre dans la pièce. Le crucifix accroché au-dessus de la tête de lit est tordu. Ça non plus, ce n'est pas nouveau. J'ai soudainement envie de savoir si c'est le même et s'il porte toujours l'entaille que nous lui avions faite une nuit, simplement parce que nous le pouvions. Je ne le fais pas. À quoi bon ? Tous ceux qui me donnaient un peu l'impression d'être ici chez moi ne sont plus là. Je me dirige plutôt vers le placard mural qui se trouve face au lit et je l'ouvre.

Le coffre-fort m'y attend. Nous n'avons jamais su ce qu'il faisait là, ni ce qu'il contenait. Trente ans plus tard, je vais enfin percer le mystère, si tant est que je sois capable de l'ouvrir et que les infirmières dont les pas résonnent dans le couloir ne me flanquent pas dehors à coups de pieds dans le derrière avant d'en avoir eu le temps.

Je sors le codex, la photo et la cocotte. Allez Sergio, voyons voir ce que tu m'as préparé.

537421701368CODE
ORDERTUPLM AINRS

Déchiffrez l'énigme pour savoir par où continuer.

Si besoin, vous pouvez consulter les indices figurant à la p. 159.

Écrivez la réponse ici pour ne pas l'oublier.

JERO RÉSOUT L'ÉNIGME DU GARDE-MEUBLE

Il vient de la p. 51.

Le coffre-fort contient un paquet typique de Sergio, avec son papier marron et son nœud parfait. Lorsque je l'ouvre, j'y découvre une nouvelle identité (un passeport et une carte d'identité), une liasse de billets de cent et une lettre, ainsi qu'une magnifique cocotte et une photo. Évidemment, il n'allait pas y glisser l'argent en pièces sonnantes et trébuchantes. Dix millions d'euros, ça fait beaucoup de kilos.

p. 197

Mon ami m'offre la possibilité de repartir de zéro, d'abandonner une vie médiocre pour en recommencer une nouvelle, comme je suppose qu'il l'a lui-même fait, quelque part dans le monde. Mais pour autant que j'en rêve, je sais que c'est impossible. L'essentiel, ce qui nous hante réellement, c'est ce que nous avons en chacun nous.

Je me demande si j'en ai envie, mais je sais que ce n'est pas la bonne question. Je n'ai en effet plus le choix. Le cadavre d'un policier repose à mes côtés. Un meurtrier corrompu, certes, mais un policier malgré tout. L'un des leurs. Un type ambitieux qui a cru à l'histoire la plus incroyable qu'on pouvait lui raconter. Il a sûrement pensé avec raison que mon récit était trop extravagant pour n'être que le fruit de l'imagination d'un gars comme moi.

Je sais que ma moto et Pilar me manqueront. L'une par amour, l'autre par habitude, même si je ne sais pas exactement dans quel ordre. Quant à Alejandra... J'espère de tout mon cœur qu'elle s'en sortira.

Je vous ai déjà dit que j'étais un triste optimiste.

Très cher Jero, ou dois-je t'appeler autrement ?

Il a été très amusant de t'inventer un nouveau nom. Tu ne nieras pas que ton passeport a maintenant... Comment dire ? Une sonorité particulière.

Je suis heureux que tu en sois arrivé jusque-là. J'espère de tout mon cœur que tu te seras bien amusé.

Ceci sera ma dernière lettre, bien que ce ne soit pas un adieu. On ne se sépare jamais vraiment des personnes qu'on aime réellement.

Je sais que si mon père pouvait me voir, il serait fier de moi. Pas seulement pour l'argent récolté, mais surtout parce que nous sommes ceux qui avons remis en question le concept du bien et du mal. Nous avons fait sauter la banque et nous avons réussi à donner une bonne leçon à tous ceux qui, en se cachant derrière l'excuse des classes sociales, ont oublié d'être humains.

La seule faille de mon plan a été de tomber amoureux de Raquel, mais je suppose que tu sais déjà que ces choses-là ne se contrôlent pas. Tu as toujours été bien plus intelligent que moi pour les affaires de cœur. Je vais donc te confier quelque chose, maintenant que tant d'années se sont écoulées : tu étais le préféré de Carolina, je l'avoue.

Si c'était à refaire, je ne changerais rien. Je n'ai aucun regret. Mais je ne peux ni ne veux oublier ceux qui sont restés derrière, ceux qui ont emporté leur loyauté dans la tombe, parce que c'est bien de cela dont il s'agissait. De loyauté à l'état pur.

Peut-être bien que toute cette affaire n'était en fait rien d'autre que de l'amour. Rocambolesque et étrange, oui, mais c'est dans les pires moments que naissent les histoires les plus incroyables. Tu n'as pas besoin que je te l'explique.

La vie n'est pas un jeu, mais j'espère que le voyage a été amusant. N'oublie pas Jero, les chevaliers de la nuit n'abandonnent jamais.

Sergio

P.-S. : Si tu veux connaître l'ultime destination de nos cocottes en papier, rends-toi au casier n° 125 de l'aéroport le plus proche.

Je donnerais tout l'argent qui m'attend quelque part pour l'avoir devant moi et pouvoir le serrer dans mes bras. Il m'a fait sentir que je comptais encore pour quelqu'un, ou au moins l'enfant que j'ai été. Si Sergio savait dans quel pétrin je me trouve à présent, il remonterait ses lunettes en acétate sur le nez, comme il le fait toujours lorsqu'il est stressé.

En refermant le rideau métallique du box, j'ai l'impression de percevoir une légère odeur de noisettes grillées. Ce doit être une autre de mes paranoïas. Qu'importe, ce qui doit arriver arrivera.

D'après l'heure indiquée sur mon portable, il m'a fallu trente-six minutes pour arriver à l'aéroport. Ma montre repose maintenant au fond d'une poubelle. Face aux casiers, je réunis tout le nécessaire et me prépare à résoudre ce qui sera certainement la dernière énigme d'un jeu spécialement inventé pour moi par un être exceptionnel.

01:00

Déchiffrez l'énigme pour savoir par où continuer.

Si besoin, vous pouvez consulter les indices figurant à la p. 161.

Écrivez la réponse ici pour ne pas l'oublier.

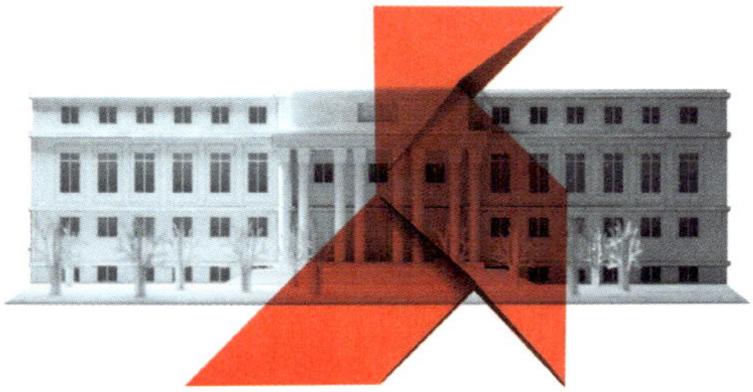

JERO RÉSOUT L'ÉNIGME DU KALÉIDOSCOPE

Il vient de la p. 38.

Il m'a toujours paru prétentieux de décorer les paliers d'escalier comme des salons : un fauteuil, une table basse en verre et le fameux caoutchouc, bien qu'il soit généralement artificiel. C'est ainsi chez Pilar. Une ambition qui s'écroule dès qu'on met un pied dans la rue de ce quartier périphérique et qu'on en découvre la dure réalité : des voisins qui reviennent des courses avec le chariot à moitié vide, en se demandant quand ils pourront le remplir de nouveau.

Je ne pense pas que Pilar tarde trop à rentrer. Elle est peut-être même déjà à l'intérieur, mais refuse de m'ouvrir. J'en doute toutefois. Elle n'est pas du genre à y aller par quatre chemins mais plutôt à parler à cœur ouvert, au risque de laisser une personne peu fréquentable comme moi le lui briser.

Je me mets donc à l'aise pour patienter. J'en profite pour lire la lettre que Sergio m'a écrite sur du papier végétal afin de la faire rentrer dans le kaléidoscope. Elle est si transparente que j'ai peur de la déchirer.

Salut Jero,

Comment vas-tu ? J'aimerais tant être avec toi autour d'une bière ! On trinquerait comme on trinquait autrefois avec mon chocolat chaud et ton jus d'orange.

J'ai brûlé les photos de mon père la veille du début du braquage. Je sais que tu comprendras pourquoi, toi qui as été le témoin silencieux de cette époque. Pour ce que nous nous apprêtions à faire, nous devions restés bien ancrés dans le présent et garder tous nos sens en alerte. Les photos, les coupures de journal, tout est susceptible de contribuer à la capture d'un homme qui fait l'objet d'un mandat d'arrêt comme moi. C'est pourquoi je ne t'ai pas contacté plus tôt.

Je suis ensuite retourné au domaine de Tolède et j'ai prié pour que le décor préparé pour la police soit suffisamment crédible pour nous offrir quelque chose de bien plus précieux que de l'or : du temps. Notre mantra. Tu aurais adoré le résultat.

Les minutes défilaient tandis que toute une armée de professionnels scrutait chaque millimètre à la recherche de la moindre erreur pouvant les mener au gars qui aidait les braqueurs et qui avait réussi à attirer sur lui l'attention de tout le pays.

Ce gars, c'était moi. Raquel m'a demandé de l'y conduire et je l'ai fait. Je me suis moi-même jeté dans la gueule du loup.

Le temps pressait et je devais repartir. Tic-tac, tic-tac. Vingt-quatre heures sans nouvelles de moi et Berlin en déduirait que j'avais été arrêté. Comme convenu, il déclencherait alors le plan Tchernobyl. Les images retransmises n'étaient pas non plus pour les rassurer. Tout en faisant une prise du sommeil au sous-inspecteur Ángel Rubio, je croisais les doigts pour qu'ils gardent leur calme et qu'ils respectent les délais fixés. Cours, me répétais-je. Le laisser inconscient, échanger les preuves et recommencer à courir, c'était le seul plan que j'avais dans l'immédiat.

Entre-temps, le groupe déposait le discret Oslo dans une caisse en bois, avec tous les honneurs et le crâne ouvert, Tokyo sortait contre son gré par la grande porte après avoir joué à la roulette russe avec Berlin, et le temps continuait de jouer contre nous.

Mais quitte à mourir, autant que ce soit en luttant. Tu le sais, se rendre n'a jamais été une option lorsque nous étions gamins, et ça ne l'est pas plus maintenant. Ne le fais pas, n'abandonne jamais. Avance la tête haute, même si tu as l'impression de porter tout le poids du monde sur tes épaules. Je deviens sentimental, ne prête pas attention à moi. Comme ce pauvre Ulysse, je me laisse parfois distraire par les chants que les sirènes me murmurent à l'oreille.

Sergio

P.-S. : Ta prochaine destination te conduira au planétarium de Saint-Sébastien, dans la salle où brillent toutes les étoiles. 3e rang, 5e fauteuil.

Il n'a pas été facile de convaincre Pilar de m'aider mais j'y suis finalement arrivé, bien qu'elle m'ait juré que ce serait la dernière fois. Je lui ai en échange promis que je ne la dérangerais plus. En la voyant arriver sur ma moto, coiffée d'un casque noir, je sais que je tiendrai parole. S'il y a bien dix millions d'euros à la clé comme le dit Sergio, Pilar pourra remplir son chariot d'autant de rêves qu'elle le voudra.

Elle me tend les clés de la moto, sans même retirer son casque pour que je puisse lui donner un dernier baiser.

Sergio et moi avons toujours voulu aller observer les étoiles au planétarium, mais quand ils en ont enfin inauguré un dans notre ville, nous avions perdu contact depuis longtemps. Pour être plus exact, il avait déjà officiellement commencé à disparaître alors que moi, je buvais le monde à pleine gorge, convaincu que je ne vivrais pas un jour de plus.

Le codex se trouve dans la poche de ma veste tandis que le reste des indices est rangé dans mon sac de voyage. Je me rends directement à la salle Planétarium. On y projette aujourd'hui *Le ciel du mois de février.*

Le fauteuil indiqué par Sergio dans sa lettre porte un écriteau « réservé ». Je m'y assois patiemment.

Un groupe de onze ou douze gamins accompagnés de deux adultes qui doivent être des professeurs et un type trop grand pour son siège sont également présents dans la salle. Lui aussi fixe l'écran avec un regard d'enfant. Il y a quelque chose de poétique dans le chemin qui relie l'innocence de son visage aux chairs que les accoudoirs de son fauteuil sont incapables de contenir.

Le jeu que m'a préparé Sergio est un véritable voyage émotionnel : l'hôpital, Carolina, le livre d'Umberto Eco, notre film préféré, le magasin de jouets et maintenant, notre rêve inassouvi de visiter le planétarium. S'il pouvait me voir aujourd'hui, mon frère Fiti en serait heureux. Je recommence enfin à me reconnaître dans le miroir.

Je tâte le siège de fond en comble, au cas où, pour me tenir occupé. Rien. Lorsque la projection se termine et que la salle se vide, j'essaye d'imaginer comment j'aurais fait à la place de Sergio pour y laisser un message secret. Je suis sur le point de partir lorsque le grand type à l'innocence infantile s'approche de moi. Il me sourit et me tend une enveloppe avant de s'éloigner, comme si de rien n'était. Aussi simple que ça.

L'enveloppe contient un papier rouge, une photo et une note recouverte d'étoiles dessinées qui m'invite à me rendre au casier n° 35.

Lorsque j'arrive aux casiers qui se trouvent en face du restaurant, il y a foule. Il est presque midi et les gens font la queue. Je décide

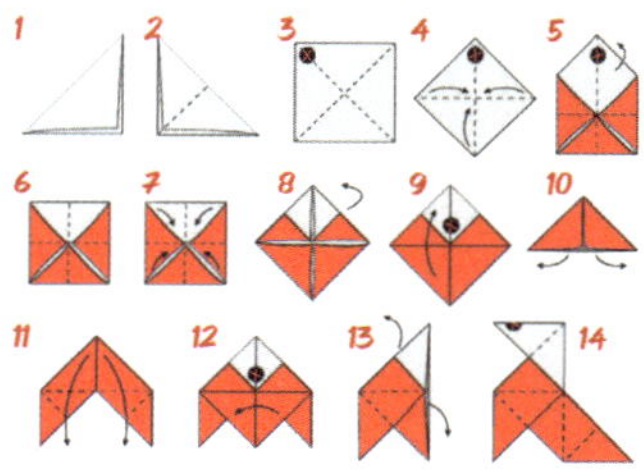

p. 199

donc d'être patient et d'aller faire un tour du côté de la faune et des écosystèmes. Ça va me faire du bien de me changer les idées.

Un groupe important d'étudiants fait une visite guidée. Je suis presque certain que le gars dont la casquette de base-ball m'empêche de discerner le visage est Mocassins. Je dois rester sur mes gardes. Il était évident qu'ils me feraient suivre.

Je recule et je me dirige de nouveau vers le casier no 35. Tout compte fait, il vaut peut-être mieux qu'il y ait du monde autour. Je pourrai ainsi les semer plus facilement s'il s'avère que je suis réellement sous surveillance, mais il me paraît bizarre qu'ils aient envoyé Mocassins en sachant parfaitement que je sais qui il est.

Déchiffrez l'énigme pour savoir par où continuer.

Si besoin, vous pouvez consulter les indices figurant à la p. 163.

Écrivez la réponse ici pour ne pas l'oublier.

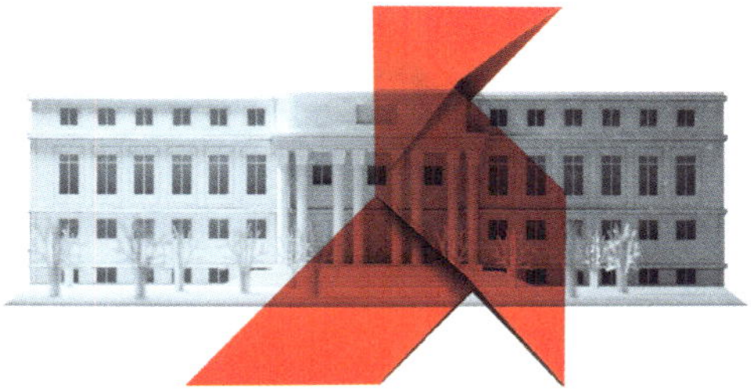

JERO RÉSOUT L'ÉNIGME DE LA BOÎTE EN MÉTAL

Il vient de la p. 30.

Lorsque nous avons entendu le crissement d'une voiture qui dérape, le serveur a prouvé avoir largement mérité le pourboire que je lui avais laissé. Pas un seul mot n'a été nécessaire. Il s'est emparé d'un tas de caisses pleines de sodas et a bloqué l'entrée principale, comme pour remplir le réfrigérateur qui se trouvait à côté. Cela m'a laissé le temps de ramasser mes affaires, de ranger la lettre trouvée dans la boîte en métal, et de sortir par l'issue de secours où était garée ma moto. Sergio m'a également laissé une boîte d'allumettes sur laquelle est indiquée l'adresse d'un motel.

Je suis convaincu qu'il ne s'imaginait pas qu'on me ferait suivre. C'est un mec réglo, comme je l'ai déjà dit. S'il l'avait su, il m'aurait fait parvenir l'argent sans s'embarrasser de ce petit jeu. Je ne sais pas où il est, mais je suppose qu'il sait que dans son intérêt, mieux vaut qu'il ne revienne jamais.

Hissé sur ma moto, je vais tenter de sauver la peau du seul ami que je n'ai jamais eu et à qui j'ai promis que je le retrouverais, même au ciel s'il le fallait. Nous n'avions pas encore l'âge de croire en l'enfer lorsque nous nous sommes fait cette promesse. En remontant la fermeture Éclair de ma veste en cuir, je réalise que je peux de nouveau respirer normalement, alors que l'air froid de Saint-Sébastien m'emplit les poumons.

Je prends la direction du motel indiqué sur la boîte d'allumettes en roulant à soixante-dix kilomètres par heure, afin de ne pas leur donner l'occasion de me coller la moindre petite amende. L'établissement se trouve en périphérie de la ville et je suppose qu'une nouvelle épreuve m'y attend.

Le temps va changer. Je le sais parce que j'ai mal à la jambe, comme si un fantôme s'agrippait par les dents à mon genou gauche.

Il n'y a personne à la réception lorsque j'arrive au motel qui est en réalité une pension. J'entreprends donc de lire la lettre trouvée dans la boîte en métal.

Salut Jero,

Ça me fait beaucoup de bien de t'écrire et de te raconter tout cela.

Te souviens-tu de Bella Ciao, *la chanson que nous n'arrêtions pas de chanter après que mon grand-père maternel me l'a apprise ? C'est devenu l'hymne du coup que nous avons porté. Si l'opinion publique acclame toujours la résistance, c'est parce que nous avons tous un rebelle en nous.*

Après m'être échappé de justesse de la casse, vêtu comme une loque, j'avais les nerfs à vif. Mais quand tu te retrouves au beau milieu d'un braquage, les choses surviennent à une vitesse vertigineuse et ce qui te semblait insoutenable quelques instants auparavant n'est qu'une broutille comparée à ce qui suit.

Lorsque la police a découvert à qui appartenait le bouton que j'avais laissé dans la Seat Ibiza, ils ont sorti l'artillerie lourde contre Andrés de Fonollosa, aussi connu sous le nom de Berlin. Non contents du profil psychologique qu'ils en avaient dressé, ils ont décidé de lui inventer un passé criminel qui l'a beaucoup blessé. Andrés avait beaucoup de défaut, comme tu t'en souviens sûrement, mais il avait aussi un sens de l'honneur à toute épreuve qui était parfois même franchement contre-productif. Aussi, je sais qu'il n'a jamais accepté d'avoir été accusé à tort de proxénétisme, et encore moins de cafardage. On ne pouvait en effet le blâmer que d'excentricité, mais cela ne suffisait pas à la police car les excentriques sont généralement bien vus dans ce pays.

Je dois reconnaître avoir été déçu que l'inspectrice Murillo se laisse aller à la triche, mais je suppose que lorsque ton ex violent profite de la situation pour obtenir la garde de ta fille, la limite entre le bien et le mal se brouille.

La frontière du danger n'existe plus non plus lorsqu'on est à deux doigts de livrer ton portrait-robot à la police. C'est curieux, mais une fois acculé, tu fais des choses que tu n'aurais jamais imaginées, comme te diriger tranquillement vers une voiture de police et y entrer.

Sergio

P.-S. : Quand tu arriveras au motel indiqué sur la boîte d'allumettes, demande au réceptionniste une chambre avec vue.

La réception est tenue par un jeune homme à l'allure gothique. Tout est noir chez lui : son ombre à paupières, ses lèvres, les ongles de ses mains, ses habits, tout. Il est trop jeune pour en vouloir ainsi à la vie, pensé-je l'espace d'un instant. Cette pensée me fait sourire car elle démontre contre tout pronostic que je me fais vieux. Lorsque je lui dis vouloir une chambre avec vue, il ne fait même pas semblant de m'enregistrer. Moins je laisse de trace, mieux c'est. Sergio a bien choisi son mot de passe, car la pension n'a vue que sur les gratte-ciel gris qui l'entourent.

Le bâtiment paraissait petit de l'extérieur, mais le gothique me fait monter jusqu'au dernier étage en empruntant une infinité d'escaliers et de couloirs étroits, d'où émanent des relents de moisissure. Lorsqu'il ouvre la porte de ma chambre, je suis certain de me trouver au point le plus éloigné de la réception. Avant de repartir, il m'informe que je trouverai tout ce dont j'ai besoin à l'intérieur et je ne peux m'empêcher de me demander combien l'aura payé Sergio pour qu'il accepte d'être un pion dans son jeu.

Un lit double avec un couvre-lit à fleurs, un fauteuil à bascule et un faux fusil au mur... La décoration est digne d'un saloon du Far West. Un volet roulant dissimule l'ouverture d'un petit monte-charge, identique à ceux qui montaient et descendaient les repas autrefois. Sur une photo accrochée au mur, deux hommes portant un chapeau de cow-boy me dévisagent. Si Sergio était là, je l'embrasserais. Enfin, sur la table de chevet, se trouve une clé USB.

La bande-son de *Butch Cassidy et le Kid* s'élève du téléviseur allumé. De tous les films que nous avons vus à l'hôpital, c'est celui qui nous a le plus marqué. Pendant des jours, nous avons parcouru les couloirs en sifflant la mélodie et en nous imaginant faire une promenade en vélo avec Katharine Ross. Que de beaux souvenirs a réunis Sergio dans cette chambre.

J'insère la clé USB dans un vieil ordinateur posé sur le bureau, à côté d'une imprimante. Une photo et une cocotte en papier s'affichent immédiatement sur l'écran, tandis qu'une voix-off récite : « Les meilleurs tours de magie sont ceux qui se cachent dans le chapeau. » Tout en réfléchissant à la signification de cette phrase, j'imprime les indices au cas où j'en ai besoin plus tard.

Effectivement, la boîte que je dois ouvrir cette fois est cachée derrière la photo en noir et blanc des deux cow-boys. C'est un coffre-fort à l'ancienne, avec son traditionnel cadran circulaire et sa poignée en étoile. Avant de me mettre au travail, il serait bon que je me repose un peu. J'ai la jambe douloureuse après avoir grimpé tous ces escaliers. En fermant les rideaux, je réalise que la fenêtre donne sur la ruelle de derrière. Je ne m'étais pas rendu compte qu'on pouvait aussi entrer et sortir du motel par là.

p. 201

Je n'ai pas beaucoup dormi car il fait encore jour lorsque j'entends leur voix. D'après ma montre, je me suis assoupi trois quarts d'heure. Je regarde par la fenêtre et j'aperçois le gothique en pleine conversation avec deux policiers. Cette fois, ce n'est pas une intuition, ils portent l'uniforme. Le réceptionniste joue parfaitement son rôle. Il secoue la tête à chaque question, comme le veut le manuel du bon copain. Je ne sais pas ce qu'ils recherchent, ni qui ils recherchent, mais le mieux à faire est d'ouvrir le coffre-fort et de filer d'ici au plus vite.

QSDFAO
FNVTER
POEFGC
GNJLHS
NXZOAL
DSFYTR

Déchiffrez l'énigme pour savoir par où continuer.

Si besoin, vous pouvez consulter les indices figurant à la p. 143.

Écrivez la réponse ici pour ne pas l'oublier.

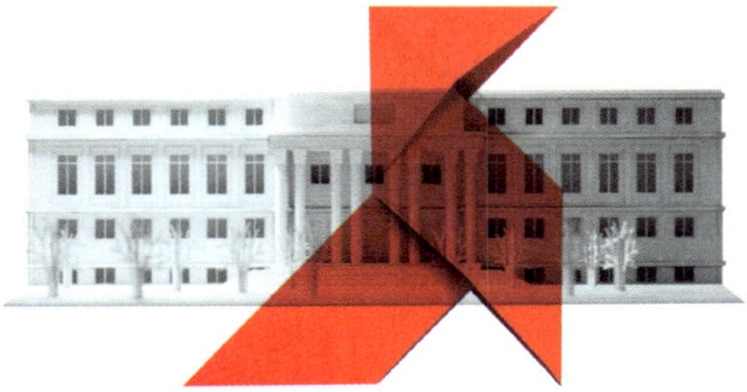

JERO RÉSOUT L'ÉNIGME DE LA PETITE BOÎTE À BIJOUX

Il vient de la p. 45.

J'ai ouvert la deuxième boîte à bijoux, mais je n'y ai trouvé aucune adresse. Rien qu'une autre cocotte, une autre lettre et une autre photo. Pour Sergio, le jeu continue. Il ne pouvait pas prévoir que je serais suivi par un gars prêt à tuer pour de l'argent. Je suis sûr que Mocassins est derrière tout ça, mais je ne sais pas s'il travaille seul, avec Noisette, ou même s'il existe un putain de complot destiné à en finir avec moi. Si, ça je sais que c'est le fruit de ma paranoïa.

Je me suis donc réfugié dans la maison de vacances d'un ami, dans les Pyrénées françaises. C'est un pur anarchiste qui laisse toujours ses clés cachées sous une pierre.

J'ai laissé la moto dans un parking de la ville d'à côté, pris un bus et parcouru à pied les six kilomètres qui séparent la maison de la civilisation. Lorsque je suis enfin arrivé, c'était comme si un marteau tambourinait sur ma jambe droite, juste là où la douleur est la plus vive. Ici, il n'y a ni électricité, ni réseau. Je n'y ai pas non plus trouvé la moindre goutte d'alcool, mais je jure que si ça avait été le cas, j'aurais soumis mon foie à rude épreuve malgré ma promesse de ne plus jamais boire.

Le seul chemin qui mène jusqu'ici est couvert de neige depuis deux semaines. J'ai été si furieux que je n'ai même pas tenté de déchiffrer les indices de la deuxième boîte à bijoux. Voir Alejandra ainsi, étendue au milieu d'une flaque de sang, m'a fait revivre l'accident dans lequel Fiti a laissé la vie, ce jour où j'ai perdu l'équilibre et où nous sommes tous deux tombés de la moto. Si je lui avais prêté mon casque, ce serait lui qui serait ici aujourd'hui. Mais je ne l'ai pas fait. J'étais trop énervé qu'il ne prenne pas plus soin de ses affaires et trop abruti par l'alcool. Depuis lors, la scène me revient en mémoire dès que je ferme les yeux.

Ces jours de froid intense dans les Pyrénées m'ont donné le temps de réfléchir. Je dois repartir. D'abord parce qu'il faut que je sache comment va Alejandra. Ensuite, parce que Sergio m'offre la possibilité d'une vie plus décente et que fuir ne mène qu'à une voie sans issue dont on ne revient jamais. Enfin, parce que comme nous le disions toujours, les chevaliers de la nuit n'abandonnent jamais, bien que ce soit un mensonge éhonté en ce qui me concerne. J'ai abandonné et capitulé face à la vie à chacune des innombrables occasions où je ne me suis pas autorisé à être heureux.

Je sors le codex et les cocottes du sac, ainsi que la lettre et la photo qui se trouvaient dans la deuxième boîte à bijoux.

p. 203

Cher Jero,

Je n'ai réalisé à quel point tu me manquais que lorsque j'ai commencé à t'écrire. Je sais que tu comprendras ce que j'essaie de te dire.

Nous imprimions déjà des billets depuis plus de cent heures lorsque le plus dur est arrivé, pour diverses raisons.

*C'*était *le jour où Raquel a découvert la vérité sur moi, où elle s'est sentie trompée au point de ressentir le besoin de me tuer.*

C'était aussi le jour où un désastre est survenu dans la fabrique, causé par une fatigue et un stress qui devaient tôt ou tard commençaient à se faire sentir.

C'était le jour où nous avons libéré Tokyo en lui fournissant un plan d'évasion mais que, tel un étalon sauvage, elle n'a su que retrouver le chemin des siens, perchée sur sa moto.

Enfin, c'était le jour où j'ai voulu tout arrêter. Nous avions déjà fait bien plus que ce dont on nous croyait capables et, bien que les chiffres ne correspondissent pas exactement à ceux de mon père, j'ai réalisé que j'avais tenu ma promesse. Celle qu'il ne m'avait jamais demandée et qu'il ne m'aurait sûrement pas laissé accomplir s'il l'avait su.

Lorsque Raquel m'a dit qu'elle voulait me tuer et brûler mon corps, elle a insisté sur le fait que personne ne signalerait jamais la disparition de quelqu'un qui n'existait pas. Elle avait raison. Dans mon acharnement à ne plus être, j'avais presque oublié d'être humain. Tomber amoureux ne faisait pas partie de mon plan, et encore moins d'elle, mais parfois, les meilleures choses sont précisément les plus inattendues.

J'aime cette femme et je ne supportais plus les mensonges dans lesquels nous nous étions empêtrés. Si je l'ai laissée m'enchaîner et me conduire jusqu'à la maison de Tolède, c'est parce que j'ai pensé qu'elle méritait d'entendre la vérité. Je la lui devais.

Aucune histoire n'est toutefois suffisante pour remettre en cause ce qu'on nous a appris toute notre vie durant. Pas même celle d'un pauvre enfant hospitalisé à qui personne ne vient en aide, et dont le père se consacre à voler pour l'emmener aux États-Unis et y payer grassement quelqu'un pour le guérir. Seuls ceux qui naissent du côté obscur peuvent savoir qu'il n'est pas toujours évident de distinguer le bien du mal.

Ce jour-là, je n'étais sûr que d'une seule chose : comme moi, elle ressentait la même chose et ne pouvait rien y faire. Elle m'aurait laissé là sinon, comme je l'avais fait pour elle.

Sergio

P.-S. : Une table est réservée à ton nom dans notre restaurant préféré mais tu devras d'abord déchiffrer le code pour connaître le numéro de réservation. Je t'avais bien dit que tu « savourerais » la prochaine énigme.

Il ne peut s'agir que d'un seul restaurant, celui où son père disait qu'il nous amènerait lorsque nous sortirions de l'hôpital, à condition d'apprendre avant à utiliser des couverts.

Si je ne me trompe pas, je vais devoir louer un costume et m'acheter un manteau et une cravate dans une friperie. Je n'ai aucune idée de comment je vais pouvoir payer tout ça.

J'ai laissé les Pyrénées il y a trois jours, ma moto toujours garée dans le parking. J'ai changé de téléphone et j'ai effacé tous mes contacts. Seul le numéro de Pilar a été difficile à supprimer. C'était comme si je la trahissais de nouveau. Néanmoins, s'ils sont sur mes talons partout où je vais, c'est sans doute parce qu'ils m'ont collé une puce électronique quelque part. J'ai donc éliminé les deux cachettes les plus évidentes : la moto et le téléphone. On verra bien ce soir si j'ai raison.

Depuis que je suis revenu à la « civilisation », j'ai appelé chaque jour l'établissement où est hospitalisée Alejandra. Ils me passent la chambre 306 et, dès que j'entends la voix de celle qu'ils m'ont dit être sa mère, je raccroche. Je veux juste m'assurer qu'elle est encore là-bas, car cela signifie qu'elle n'est pas à la morgue.

Maintenant, voyons voir si j'arrive à déchiffrer le code correspondant à la réservation du restaurant.

LA CLAVE SE
ENCUENTRA
EN LOS PENTÁGONOS

Déchiffrez l'énigme pour savoir par où continuer.

Si besoin, vous pouvez consulter les indices figurant à la p. 167.

Écrivez la réponse ici pour ne pas l'oublier.

JERO RÉSOUT L'ÉNIGME DE L'INTÉRIEUR DU COFFRE-FORT

Il vient de la p. 76.

J'ai réussi à ouvrir le compartiment fermé du coffre-fort, mais, alors que la porte de ma chambre était sur le point de céder, j'ai décidé de m'en tenir au plan et de jeter tout ce que j'avais dans le monte-charge, y compris la cocotte, la photo et la lettre que je venais de trouver. J'ai tout mis en vrac, mais je n'ai pas eu le temps de trouver mieux. Je ne suis pas l'un de ces fichus espions qu'on voit à la télé, moi. Pendant qu'ils me font sortir de la chambre, menotté, je tente de me convaincre que c'était une bonne idée et que je n'aurai pas de mal à récupérer les indices une fois libre.

Personne ne m'a dit de quoi j'étais accusé et je suis sûr que personne non plus n'a montré de mandat de perquisition au gothique qui est maintenant assis par terre, dans le couloir, une tache rouge abîmant son maquillage noir et blanc au-dessus des lèvres. Je lui fais un clin d'œil en passant et la grimace par laquelle il me répond ressemble fort à un sourire.

Lorsqu'ils me font baisser la tête pour monter dans la voiture de police, je réalise que ma moto n'est plus garée où je l'ai laissée et je ne peux m'empêcher de lâcher un juron. Cette moto fait partie de moi, c'est mon plus beau jouet.

L'après-midi où nous sommes allés nous promener dans le centre-ville de Saint-Sébastien avec Carolina, elle nous a conduit à un magasin de jouets incroyable. Nous avons dépensé le peu d'argent que nous avions dans un kaléidoscope au fond étoilé. Il était emballé dans une petite boîte dorée, ornée de gravures représentant les signes d'un oracle oriental appelé Yi King, comme Sergio s'est empressé de nous l'expliquer. Je savais très bien qu'il disait cela uniquement pour impressionner Carolina et je l'en aurais giflé. Il était insupportable quand il commençait à faire son Monsieur je-sais-tout. Nous avons aussi offert à Carolina une bague formée de deux anneaux entrelacés, un vert et un bleu. Elle était affreuse, mais c'était tout ce que nous pouvions nous permettre.

J'espère que la police n'a aucun moyen de remonter jusqu'au Professeur, car il irait alors rejoindre la liste des absences que je ne pourrais pas supporter.

Je me trouve maintenant dans une salle de commissariat qui semble tout droit sortie d'un feuilleton à petit budget. Personne ne sait que je suis ici, ils pourraient se débarrasser de moi et personne ne le remarquerait. Pas même Pilar, la femme qui s'est le plus apparentée à une petite-amie à mes yeux. Elle est bien trop habituée à mes sempiternelles prises de distance. Les commissariats ont le don de me rendre paranoïaque.

Je ne suis pas surpris de voir entrer Mocassins et Noisette dans la salle d'interrogatoire. Évidemment, ce sont eux qui sont derrière tout ça. Mon intuition ne m'a donc pas trompé. Il pose les questions alors qu'elle prend des notes. C'est donc elle la chef et lui le subordonné. C'est un truc que même les débutants connaissent.

Ils me demandent encore et encore où se trouve Sergio Marquina, aussi connu sous le nom du « Professeur ». À ce que je sache, ils n'ont rien trouvé qui me rattache à lui et n'ont donc aucune raison de ne pas me croire.

Pourtant, sur un geste de Noisette, quelqu'un apporte une enveloppe. Si je ne me trompe pas, c'est la dernière lettre de Sergio, celle qui se trouvait dans le compartiment du coffre-fort. Au mieux, elle a dû tomber lorsque j'ai tout mis à la va-vite dans le sac en plastique. Au pire, ils ont tout retrouvé, mais si ça avait été le cas, ils auraient sans doute déjà sorti tout l'arsenal.

- Continuez-vous de nier toute relation avec Sergio Marquina ?

Face à ma dénégation, Noisette commence à lire la lettre. Lorsqu'elle termine sa lecture, elle me repose la question et je lui fais la même réponse. Encore et encore. Ça fait maintenant un petit moment que ça dure.

Mon ami,

Il est parfois douloureux pour moi de te faire le récit des événements survenus dans la fabrique. Je ne suis pas fier de tout ce qui s'y est passé, surtout de ce qu'ils appellent les « dommages collatéraux », une expression qui ne sert en réalité qu'à désigner ce que nous avons trop honte de nommer en toutes lettres.

Le sous-inspecteur Ángel Rubio, mon cheval de Troie, a été le premier à suspecter que le type bien éduqué, courtois et guindé que je suis en réalité était un monstre. Il a tout d'abord concentré sa haine sur moi pour une raison aussi humaine que la jalousie. La femme de sa vie avait rendez-vous avec moi pour dîner. Mais en plus d'être amoureux, c'était surtout un bon policier. Il a donc suivi son instinct et fait son travail. Le fait que j'apparaisse au moment même où était commis le plus grand casse de l'histoire d'Espagne lui a paru une trop grande coïncidence. C'est pourquoi il a décidé de tirer sur les fils jusqu'à démêler l'écheveau. Si ce n'était pour l'accident de voiture qu'il a eu alors qu'il tentait de noyer son désespoir, notre braquage n'aurait pas duré plus de deux jours.

Tout aurait peut-être été plus facile si Raquel et moi n'en étions jamais venus à nous tutoyer et que je ne m'étais pas vu obligé d'épaissir l'intrigue avec de nouveaux mensonges. Mais il faut toujours finir ce qu'on a commencé. L'orgueil et le besoin de croire que j'étais capable de tout ont achevé d'embrouiller les choses.

Raquel et moi avons couché ensemble cette nuit-là, après qu'elle a pointé sur moi son pistolet et découvert avec stupeur le hangar que j'avais arrangé pour trois francs six sous afin de lui faire croire que j'étais quelqu'un de bien. Enlacés sur le canapé en cuir du décor que j'avais imaginé pour elle, j'ai senti que mon masque commençait à se fendre. J'ai réalisé que je n'étais pas aussi insensible que je le pensais et que j'agissais peut-être mal envers cette femme dont le seul crime avait été d'être nommée aux commandes de l'enquête sur mon braquage.

Je n'ai pu me sortir cette idée de la tête que lorsque nous nous sommes enfin séparés et que j'ai repris le contrôle des opérations. J'ai alors découvert que, pendant que je faisais l'amour à une femme qui ne méritait pas que le premier homme avec lequel elle sorte depuis huit ans soit une fraude comme moi, nous avions perdu notre cheval de Troie, l'un des nôtres avait été tué par une barre de fer et une poignée d'otages faisaient exploser à cet instant précis l'une des entrées, laissant derrière eux un trou dans le mur et tous nos espoirs dispersés parmi les décombres.

Les lumières de couleurs avec lesquelles j'avais illuminé la nuit précédente se sont éteintes l'une après l'autre.

Sergio

P.-S. : Appelle-moi au : (2+X)(3+Y)(Z-1)(2+X)(3+Y)(Z-2)(2+X)(3+Y)(0xZ)(5-Y)(4-X). X = premier chiffre du codex, Y = deuxième chiffre du codex, Z = troisième chiffre du codex. Les trois derniers chiffres du numéro de téléphone t'indiqueront par où continuer.

C'est malheureux que la seule lettre qu'ils aient trouvée de Sergio soit aussi personnelle, mais au moins, tout à son envie de me compliquer encore un peu plus les choses, il ne leur a pas révélé ma prochaine destination. Le yin et le yang dont il parlait.

Lorsque l'inspectrice me demande pourquoi je fais claquer ma langue, je lui réponds que j'ai soif. Je ne m'en étais même pas rendu compte. Je suis au bord de l'épuisement.

De temps en temps, ils me reconduisent à ma cellule et m'y laissent seul un moment, avant de reprendre l'interrogatoire au bout d'un laps de temps qui me semble bien trop court. Je dois leur donner quelque chose à se mettre sous la dent, comme dirait Sergio. Je décide donc de leur dire la vérité en leur racontant que je participe à un jeu dont le prix s'élève à plusieurs millions d'euros. L'inspectrice abat alors son poing sur la table. Parfois, il n'y a rien de plus invraisemblable que la vérité. Ils ne comprennent pas que pour Sergio Marquina, ces énigmes sont la meilleure façon de me dire qu'il m'aime alors que pour moi, elles me permettent de le remercier de m'avoir dessiné une jambe sur le drap au moment où j'en avais le plus besoin. Seuls deux pauvres gars ayant passé leur enfance à jouer à cache-cache avec le destin peuvent comprendre cela.

Maintenant, il ne reste plus qu'à attendre qu'ils me relâchent, en espérant que cela soit en un seul morceau. Pas de problème, je sais être patient.

J'attends.

J'attends toujours.

Enfin, à sept heures du matin le lendemain, la porte du commissariat se referme derrière moi.

Je ne sais pas si l'hiver est arrivé trop tôt ou s'il tarde trop à s'en aller, mais il fait un froid de canard et je suis à la rue avec toutes mes affaires. J'ignore si j'ai réussi à les convaincre que je n'ai aucune idée de l'endroit où mon ami se cache, mais ils ne pouvaient en tous cas pas me retenir plus longtemps.

Un camion-poubelle nettoie les rues encore désertes tandis qu'un homme portant un gilet fluorescent balaie le trottoir. Les lumières du véhicule s'éloignent peu à peu en laissant derrière elles l'éboueur, visiblement absorbé par sa tâche. Bizarre. Il relève la tête et me fixe. Il ne porte pas de maquillage, mais je reconnais son regard. Si je le pouvais, je l'embrasserais mais par précaution, je décide plutôt de le suivre. Finalement, ce gothique est peut-être vraiment mon ange-gardien.

Il me conduit à quelques rues du commissariat, ouvre la porte d'un garage et me tend un paquet qui renferme tous les indices abandonnés dans le monte-charge du motel : les cocottes en papier, les lettres, le codex, les photos... Rien ne manque, sauf la moto. Le gothique me fait clairement comprendre que je ne dois plus m'approcher de la pension.

- Je ne sais pas la conduire mec, sinon je te l'aurais apportée. Je suis désolé. Tu peux rester un peu ici si tu veux. Tu n'as qu'à descendre la porte en partant.

Je crois bien que c'est la phrase la plus longue qu'il m'ait jamais dite.

Quand il sort, j'ouvre le paquet pour m'emparer de la cocotte et de la photo trouvées dans le compartiment intérieur du coffre-fort.

p. 205

Déchiffrez l'énigme pour savoir par où continuer.

Si besoin, vous pouvez consulter les indices figurant à la p. 169.

Écrivez la réponse ici pour ne pas l'oublier.

JERO RÉSOUT L'ÉNIGME DE LA MAISON DE CAROLINA

Il vient de la p. 23.

Je suis resté un bon moment à regarder Carolina par la fenêtre. Elle s'était agenouillée pour jardiner tandis que je terminais mon café au lait. Je sais parfaitement que mon estomac va me faire souffrir pendant le reste de la journée, mais je ne pouvais pas faire cet affront à l'héroïne des films que je me faisais pour fuir une réalité qu'elle rendait plus belle.

Je suis sorti et je l'ai aidée à déplacer des sacs de terre. Ça semblait si naturel que quiconque nous aurait vu aurait pensé que nous étions... Quoi ? Une mère et son fils ? Je peux vous garantir que ce n'est pas la relation que j'avais en tête lorsque Sergio et moi étions petits. Je rêvais d'être marié à cette femme depuis des années et de faire ce que font les couples heureux. Après avoir vu ses mains ridées, je réalise à quel point ce rêve était fou.

Elle ne m'a rien demandé sur Sergio et je ne lui ai rien dit non plus. À quoi bon ? Aucun de nous ne mérite d'avoir des mensonges pour toute réponse. Elle ne s'est intéressée qu'à mes plans d'avenir et comme je n'en ai pas, je lui ai dis la vérité, à savoir que j'allais peut-être tout réduire en cendres, sauf ma moto et ma prothèse orthopédique. Elle a ri, discrètement d'abord, puis aux éclats.

Ensuite, je suis parti.

En passant à côté de la table du jardin, j'y ai vu une bague à deux anneaux entrelacés, un vert et un bleu. Elle était affreuse, mais j'en ai eu les larmes aux yeux.

J'ai emporté avec moi la photo et la lettre trouvées dans la boîte à couture, ainsi que la cocotte qui était posée dessus. Cette fois, Sergio veut que je me rende à Tolède, mais je vais un peu calmer le jeu. Je dois avant tout penser à moi et j'ai de toute façon besoin de temps.

Le voyage pour Tolède m'a pris deux jours. À mon arrivée, j'y ai trouvé ce qu'ils appellent pompeusement à la télé « le temple des braqueurs ». C'est une immense maison de campagne qui est devenue un lieu de pèlerinage pour les geeks. Ils sont partouts, vêtus de la combinaison rouge et du masque de Dali vendus à chaque coin de rue. Je me demande ce qui ne tourne pas rond chez ceux qui ont à tout prix besoin de se mettre dans la peau d'un autre pour être heureux. Le vrai problème, c'est peut-être que nous avons perdu tout intérêt envers nous-mêmes.

En réalité, je ne me rends pas à la maison, mais au cimetière qui se trouve à une centaine de mètres. Sergio me le payera cette fois. Il sait parfaitement combien j'ai toujours eu horreur de ces endroits.

Dans le parking, je croise une femme qui porte un masque et qui sent la noisette grillée. Cela m'arrive parfois. Le parfum de certaines personnes reste pris au piège de mes papilles olfactives pendant longtemps, et, bien que je ne les connaisse pas, je serais capable de les retrouver au milieu d'une foule s'il le fallait. Mais dans l'immédiat, c'est sans importance. Je dois remettre de l'ordre dans les indices dont je dispose avant de débuter la prochaine énigme, à commencer par relire la lettre laissée par Sergio dans la boîte à couture de Carolina.

Jero,

J'ai pensé à toi, tu peux me croire, lorsque j'ai raconté à l'inspectrice, pendant une négociation, que nous jouions aux gendarmes et aux voleurs lorsque nous étions petits, et que, quoi qu'il advienne, aucun des voleurs ne se rendait jamais avant d'être pris. C'est vrai, n'est-ce pas ? Nous ne lâchions rien. En revanche, j'ai un peu exagéré l'optimisme que je ressentais à ce moment-là.

En moins de trente heures passées à l'intérieur de la Fabrique, Berlin avait déjà ordonné un premier passage à tabac et une condamnation à mort sans mon autorisation, Moscou avait tenté de s'évader pour sauver son fils Denver, et, en revenant de la tente où la police avait installé son centre de commandement, j'ai découvert la terrasse de la maison royale de la monnaie grouillant de monde. Tous vêtus d'un masque et d'une combinaison rouge, ils donnaient l'impression de prendre l'air. Même moi, j'étais incapable de discerner qui était qui dans cette confusion.

Tu as bien lu, j'étais dans la tente de commandement de la police à peine plus d'un jour après le début du braquage. Comme je te l'ai dit, ce matin-là dans le bar, j'ai pesé le pour et le contre avant d'en déduire qu'il valait la peine de tenter de m'infiltrer dans le quotidien de l'inspectrice Murillo, et l'opération portait déjà ses fruits. Sa mère avait en effet un message urgent à lui transmettre et, comme elle n'arrivait pas à joindre Raquel, c'est moi qu'elle a appelé. Je me suis bien sûr empressé d'aller faire la commission à l'inspectrice, en profitant ainsi pour pénétrer au cœur-même de la tente de commandement où le CNI tentait de reprendre les choses en main.

Tout se serait bien passé si, en l'écoutant me raconter comment son ex-mari la battait, je n'avais pas oublié pendant quelques secondes qu'elle était la policière et moi le voleur. Quelques secondes seulement, puis j'ai recommencé à croire que, s'il le fallait, je n'aurais aucun mal à blesser cette femme qui se trouvait devant moi et qui devait être au moins aussi malheureuse que moi pour raconter à un inconnu rencontré dans un bar ce qu'elle n'osait même pas expliquer à sa propre mère.

Jero, la vie est une souricière dans laquelle les chats mènent la danse.

Sergio

P.-S. : Je ne suis pas sûr que tu apprécieras ta prochaine destination. Elle se trouve à une centaine de mètres du domaine de Tolède où nous avons préparé le casse. C'est un cimetière. J'espère que tu me pardonneras.

L'une des rares fois où mon père est venu me rendre visite à l'hôpital, il y a oublié sa flasque pleine de cognac. Cette nuit-là, deux petits garçons se sont sentis grands pour la première fois, alors qu'ils se brûlaient la gorge en regardant s'infiltrer les rayons de la lune par leur fenêtre. Il ne nous manquait que la cigarette pour ressembler à de vrais cow-boys. Nous avons ensuite caché la flasque dans une boîte codée qui appartenait à Sergio, et dont les petits canards dessinés sur le couvercle me paraissaient particulièrement gnangnans.

Je n'ai jamais trop accordé d'importance à ce qu'on dit sur moi. Seule l'opinion de ceux que j'aime vraiment me tient à cœur, et je peux les compter sur les doigts d'une main. Toutefois, si l'on me voit tenter de forcer la porte du caveau où repose la famille Iglesias Navarro, on n'hésitera pas à appeler la police. Tant pis. À vrai dire, j'ai déjà eu des différends pires que ça avec les forces de l'ordre.

Le jour où on m'a amputé de la jambe gauche, j'ai pleuré jusqu'à épuisement. Lorsque je me suis réveillé, Sergio m'en avait dessiné une nouvelle sur le drap pour remplacer l'ancienne, mais il s'était trompé de côté. L'expression perplexe du Monsieur je-sais-tout de San Juan de Dios à cette vue reste à ce jour l'un de mes meilleurs souvenirs. Avec le recul, je suis presque sûr que Sergio l'a fait exprès pour remplacer un souvenir triste par un souvenir drôle. Je lui confierais ma vie et le suivrais jusqu'en enfer s'il le fallait.

Quoi qu'il en soit, il doit vraiment être sûr que personne ne vient jamais se recueillir ici, car la première chose que je vois en ouvrant la porte, c'est une cocotte en papier posée sur l'un des cercueils.

p. 207

Le codex et la photo dissimulée dans la boîte à couture de Carolina reposent tranquillement sur le banc en bois qui se trouve à côté et qui doit habituellement permettre aux vivants de converser à leur aise avec leurs proches décédés.

Je n'aime pas les cimetières. Je n'aime pas fouiller dans le passé des gens et je n'aime pas être surveillé, surtout quand c'est si peu discret. Un type portant des mocassins à franges est agenouillé dans les arbustres, de l'autre côté du cimetière. Je n'aperçois pas son visage, caché derrière l'un de ces masques que tout le monde porte ici.

Je vais me dépêcher de finir ce que j'ai à faire avant de prendre mes jambes à mon cou. Je réalise ce que je viens d'écrire et j'entends presque le rire de Sergio. Moi aussi, je souris. C'est un humour d'hôpital, un humour de petits enfants. Je dirige le faisceau de ma lampe torche vers l'intérieur du caveau et j'y aperçois, en plus de la cocotte, une boîte codée ornée d'horribles petits canards sur le couvercle. Elle est recouverte de toiles d'araignée. Plus vite je l'ouvrirai, plus vite je serai sorti d'ici.

=
RPMPSRP
A

Déchiffrez l'énigme pour savoir par où continuer.

Si besoin, vous pouvez consulter les indices figurant à la p. 171.

Écrivez la réponse ici pour ne pas l'oublier.

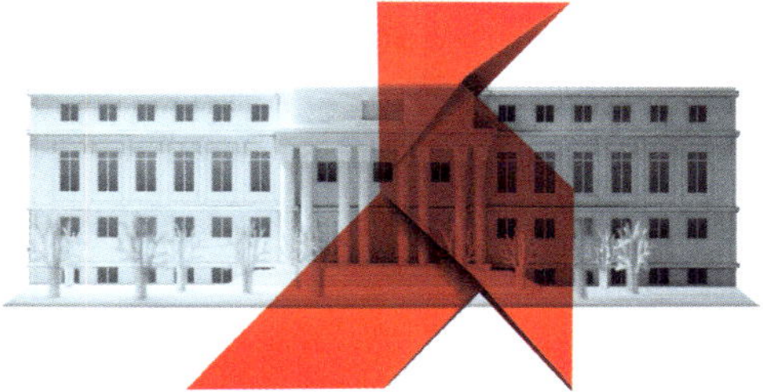

Énigme de la boîte en laiton (p. 13)

INDICE N°1
La clé se cache sur une cocotte.

INDICE N°2
Vous devez placer la cocotte sur la photographie.

INDICE N°3
La cocotte et la photographie présentent le même type de lignes, qui sont en réalité des lettres.

INDICE N°4
Les lignes blanches forment le nom d'une ville.

INDICE N°5
Aidez-vous du codex pour savoir à quelle page poursuivre votre lecture.

SOLUTION

Réponse :

Sídney (p. 86)

Énigme de la maison de Carolina (p. 22)

INDICE N°1
La clé se cache sur une cocotte.

INDICE N°2
Les nombres inscrits sur la cocotte apparaissent également sur la photographie.

INDICE N°3
Vous devez relier les nombres de la photographie dans l'ordre indiqué par la cocotte.

INDICE N°4
Tracez des lignes entre les nombres pour faire apparaître des lettres.

INDICE N°5
Les lettres forment le nom d'une ville.

INDICE N°6
Aidez-vous du codex pour savoir à quelle page poursuivre votre lecture.

SOLUTION

Réponse :

Oslo (p. 129)

Énigme de la boîte en métal (p. 29)

INDICE N°1
Vous devez retrouver tous les cercles.

INDICE N°2
Les lettres sont encerclées sur plusieurs photographies alors que l'ordre est indiqué sur la cocotte.

INDICE N°3
La cocotte indique l'ordre d'apparition des photographies.

INDICE N°4
Les lettres inscrites sur les photographies forment le nom d'une ville.

INDICE N°5
Aidez-vous du codex pour savoir à quelle page poursuivre votre lecture.

SOLUTION

Réponse :

Dakar (p. 107)

Énigme du kaléidoscope (p. 37)

INDICE N°1
La clé se cache sur une cocotte.

INDICE N°2
Vous devez placer la cocotte sur la photographie dans le sens indiqué.

INDICE N°3
Les lignes blanches de la cocotte indiquent certaines lettres de la photographie.

INDICE N°4
Les lettres signalées forment le nom d'une ville.

INDICE N°5
Aidez-vous du codex pour savoir à quelle page poursuivre votre lecture.

SOLUTION »

Réponse :

Ankara (p. 100)

Énigme de la petite boîte à bijoux (p. 44)

INDICE N°1
La clé se cache sur quatre cocottes.

INDICE N°2
Les cocottes présentent différentes rangées de carrés numérotés qui coïncident avec celles de la photographie.

INDICE N°3
Vous devez regrouper les carrés de la photographie comme indiqué sur chaque cocotte.

INDICE N°4
Chaque groupe de carrés forme une lettre.

INDICE N°5
Vous devez placer la photographie à l'horizontale pour lire le nom d'une ville.

INDICE N°6
Aidez-vous du codex pour savoir à quelle page poursuivre votre lecture.

SOLUTION

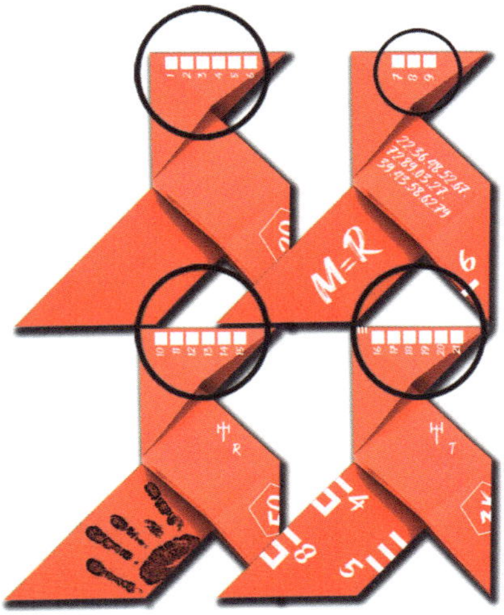

Réponse :

Roma (p. 114)

Énigme du garde-meuble (p. 50)

INDICE N°1
La clé se cache sur une cocotte.

INDICE N°2
La cocotte présente la partie manquante des ronds blancs qui se trouvent en bas de la photographie.

INDICE N°3
Vous devez la placer sur la photographie dans l'ordre indiqué.

INDICE N°4
La flèche dessinée sur le bec de la cocotte indique plusieurs lettres qui forment le nom d'une ville.

INDICE N°5
Aidez-vous du codex pour savoir à quelle page poursuivre votre lecture.

SOLUTION

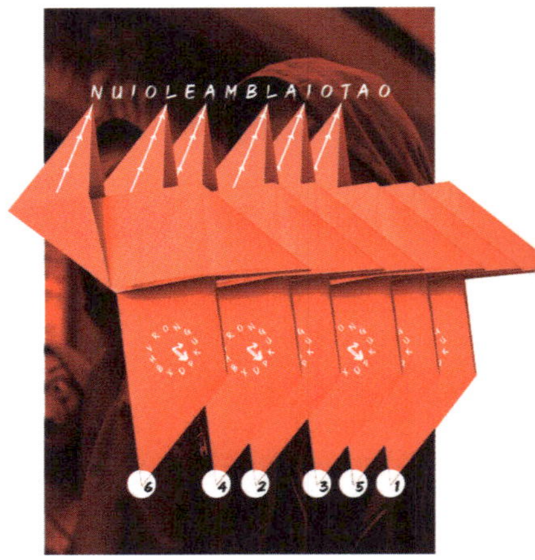

Réponse :

Tallin (p. 94)

Énigme de la valise (p. 61)

INDICE N°1
La clé se cache sur une cocotte.

INDICE N°2
La cocotte porte le même losange que la photographie.

INDICE N°3
Vous devez faire pivoter la photographie de 90 degrés vers la gauche.

INDICE N°4
Reliez les points pour former une lettre toutes les deux lignes.

INDICE N°5
Les lettres forment le nom d'une ville.

INDICE N°6
Aidez-vous du codex pour savoir à quelle page poursuivre votre lecture.

SOLUTION

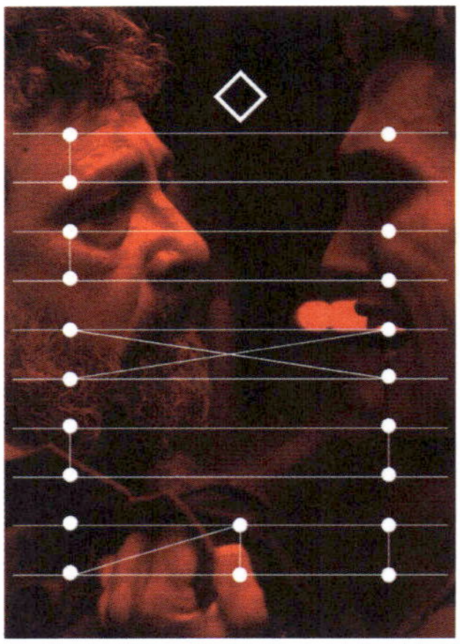

Réponse :

Luxor (p. 46)

Énigme de la boîte à bijoux (p. 68)

INDICE N°1
La clé se cache sur cinq cocottes.

INDICE N°2
Vous devez trouver les lettres correspondant à chacun des symboles de la photographie.

INDICE N°3
Chaque lettre ou chaque symbole correspond à l'un des doigts du personnage photographié.

INDICE N°4
L'une des cocottes porte la même empreinte que la photographie, mais les doigts sont placés dans un ordre différent.

INDICE N°5
Placez les lettres dans l'ordre indiqué par les doigts pour former le nom d'une ville.

INDICE N°6
Aidez-vous du codex pour savoir à quelle page poursuivre votre lecture.

SOLUTION

Réponse :

Petra (p. 39)

Énigme de l'intérieur du coffre-fort (p. 75)

INDICE N°1
La clé se cache sur quatre cocottes.

INDICE N°2
Vous devez superposer les cocottes sur la photographie en respectant le contour dessiné.

INDICE N°3
Le nombre de traits dessinés sur la partie supérieure des cocottes indique l'ordre dans lequel il faut les placer.

INDICE N°4
Des noms de personnes sont indiqués sur chaque cocotte.

INDICE N°5
Superposez les cocottes pour recouvrir certaines lettres et former le nom d'une ville.

INDICE N°6
Aidez-vous du codex pour savoir à quelle page poursuivre votre lecture.

INDICE N°7
Comme indiqué dans le post-scriptum de la lettre, vous devez ajouter 5 au nombre trouvé dans le codex car le nom correspondant possède cinq lettres.

SOLUTION »»

Réponse :

Manila (p. 121)

Énigme de la librairie (p. 84)

INDICE N°1
La clé se cache sur cinq cocottes.

INDICE N°2
Vous devez placer les cocottes sur la photographie en suivant les lignes centrales.

INDICE N°3
Reliez chaque ligne de la photographie aux lignes des cocottes pour former une lettre.

INDICE N°4
Vous devez trouver huit lettres.

INDICE N°5
Les lettres forment le nom d'une ville.

INDICE N°6
Aidez-vous du codex pour savoir à quelle page poursuivre votre lecture.

SOLUTION »

Réponse :

Bruselas (p. 24)

Énigme de l'hôpital (p. 92)

INDICE N°1
La clé se cache sur une cocotte.

INDICE N°2
La cocotte présente la partie manquante des triangles dessinés sur la photographie.

INDICE N°3
Vous devez placer la cocotte sur la photographie dans deux positions différentes.

INDICE N°4
Les flèches de la cocotte désignent des chiffres et des lettres.

INDICE N°5
Les chiffres indiquent dans quel ordre placer les lettres signalées pour former le nom d'une ville.

INDICE N°6
Aidez-vous du codex pour savoir à quelle page poursuivre votre lecture.

SOLUTION

Réponse :

París (p. 15)

Énigme de l'aéroport (p. 98)

INDICE N°1

La clé se cache sur quatre cocottes.

INDICE N°2

Une heure est indiquée sur la photographie alors que des cadrans sont dessinés sur les cocottes.

INDICE N°3

Les lettres placées sur le 1 des cadrans forment le nom d'une ville.

INDICE N°4

L'heure indiquée par chaque cadran stipule l'ordre des lettres.

INDICE N°5

Aidez-vous du codex pour savoir à quelle page poursuivre votre lecture.

SOLUTION

Réponse :

Lyon (p. 52)

Énigme du planétarium (p. 105)

INDICE N°1
La clé se cache sur le papier de couleur rouge.

INDICE N°2
Vous devez fabriquer une cocotte en pliant le papier suivant les étapes indiquées.

INDICE N°3
Le côté rouge présente une partie de la photographie. Le point marqué d'un X sert de référence pour le pliage.

INDICE N°4
Une fois la cocotte terminée, certaines lettres apparaîtront alors que d'autres seront cachées par les plis.

INDICE N°5
Vous devez placer la cocotte comme indiqué sur la photographie.

INDICE N°6
Les lettres visibles forment le nom d'une ville.

INDICE N°7
Aidez-vous du codex pour savoir à quelle page poursuivre votre lecture.

SOLUTION ❯❯

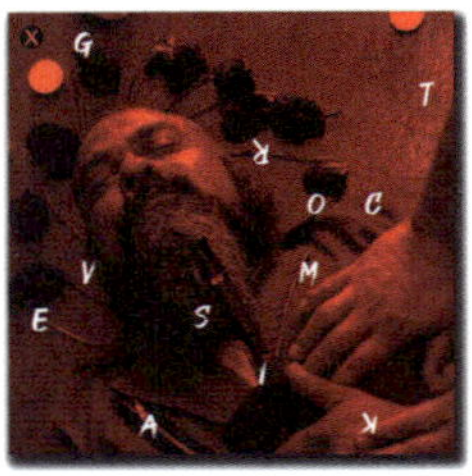

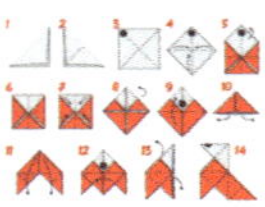

Réponse :

Kiev (p. 63)

Énigme du motel (p. 112)

INDICE N°1
La clé se cache sur une cocotte.

INDICE N°2
La cocotte présente le même segment à traits que la photographie.

INDICE N°3
La photographie comporte plusieurs combinaisons de lettres. Chacune des croix de la cocotte coïncide avec l'une des lettres de chaque combinaison.

INDICE N°4
Vous devez aligner le segment de la cocotte avec celui de la photographie pour savoir dans quel ordre placer les lettres.

INDICE N°5
Les lettres forment le nom d'une ville.

INDICE N°6
Aidez-vous du codex pour savoir à quelle page poursuivre votre lecture.

SOLUTION ❯❯

Réponse :

Atenas (p. 70)

Énigme du restaurant (p. 119)

PISTA 1
La clé se cache sur cinq cocottes.

PISTA 2
La photographie présente un message à moitié coupé. Vous devez deviner la partie manquante pour pouvoir le lire.

PISTA 3
Chaque cocotte présente la moitié d'un hexagone ainsi que la moitié d'une lettre et d'un chiffre.

PISTA 4
Vous devez deviner la partie manquante.

PISTA 5
Les chiffres indiquent l'ordre dans lequel il faut placer les lettres pour former le nom d'une ville.

PISTA 6
Aidez-vous du codex pour savoir à quelle page poursuivre votre lecture.

SOLUTION »

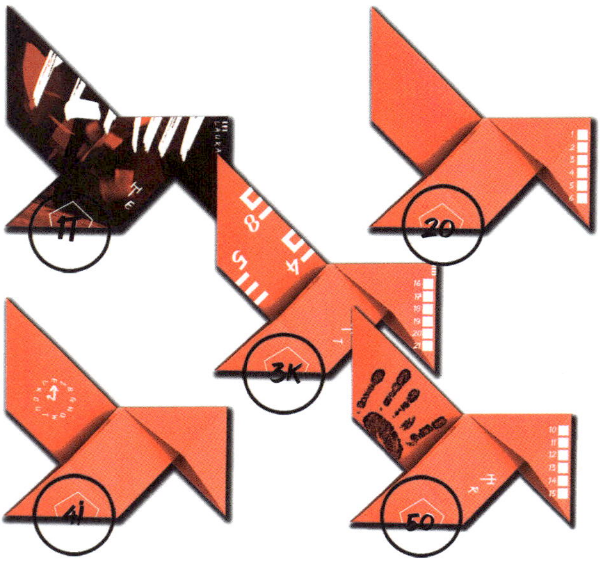

Réponse :

Tokio (p. 56)

Énigme du garage (p. 127)

INDICE N°1
La clé se cache sur quatre cocottes.

INDICE N°2
Les cocottes représentent certaines parties de la photographie.

INDICE N°3
Vous devez placer les cocottes sur la photographie en respectant les lignes blanches du contour.

INDICE N°4
Des lettres se cachent derrière les lignes blanches des cocottes.

INDICE N°5
Placez les cocottes au bon endroit pour former le nom d'une ville.

INDICE N°6
Aidez-vous du codex pour savoir quel nombre utiliser afin de résoudre la formule du post-scriptum.

INDICE N°7
Les trois derniers chiffres de la formule indiquent le numéro de la page à laquelle vous devez poursuivre votre lecture.

SOLUTION »

Respuesta:

Pekín (p. 31)
Numéro de téléphone : 55855755031

Énigme du cimetière (p. 135)

INDICE N°1
La clé se cache sur trois cocottes.

INDICE N°2
Vous devez remplacer les lettres de la photographie par d'autres lettres.

INDICE N°3
Les cocottes indiquent les lettres correspondantes.

INDICE N°4
Remplacez les lettres pour former le nom d'une ville.

INDICE N°5
Aidez-vous du codex pour savoir à quelle page poursuivre votre lecture.

SOLUTION »

Réponse :

Toronto **(p. 77)**

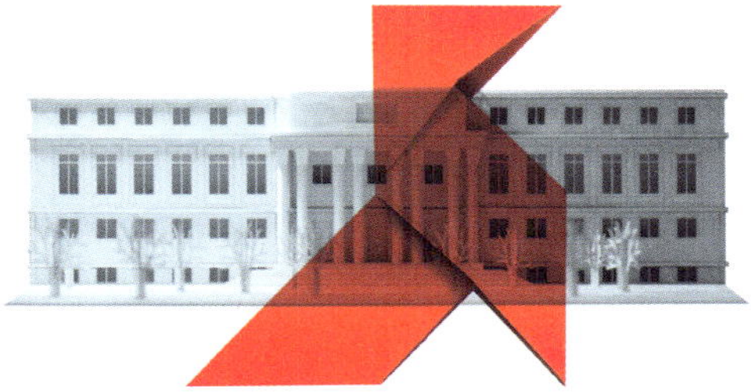

RESSOURCES

p. 9

p. 36

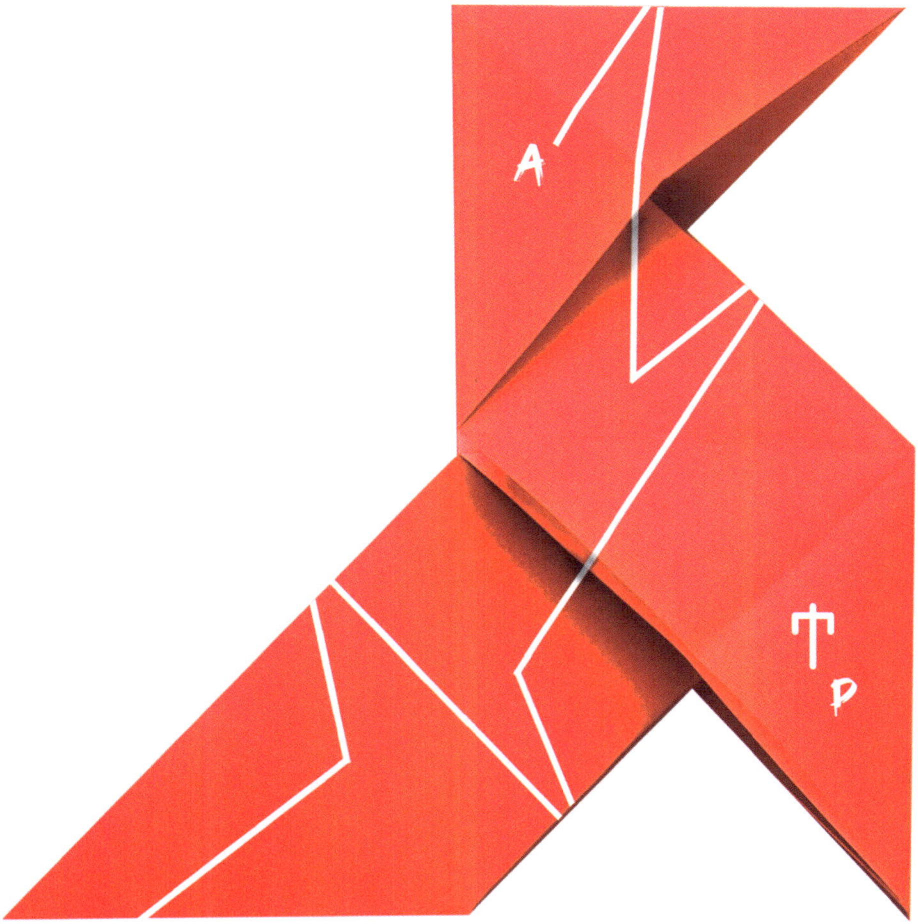

p. 40

p. 47

p. 58

p. 65

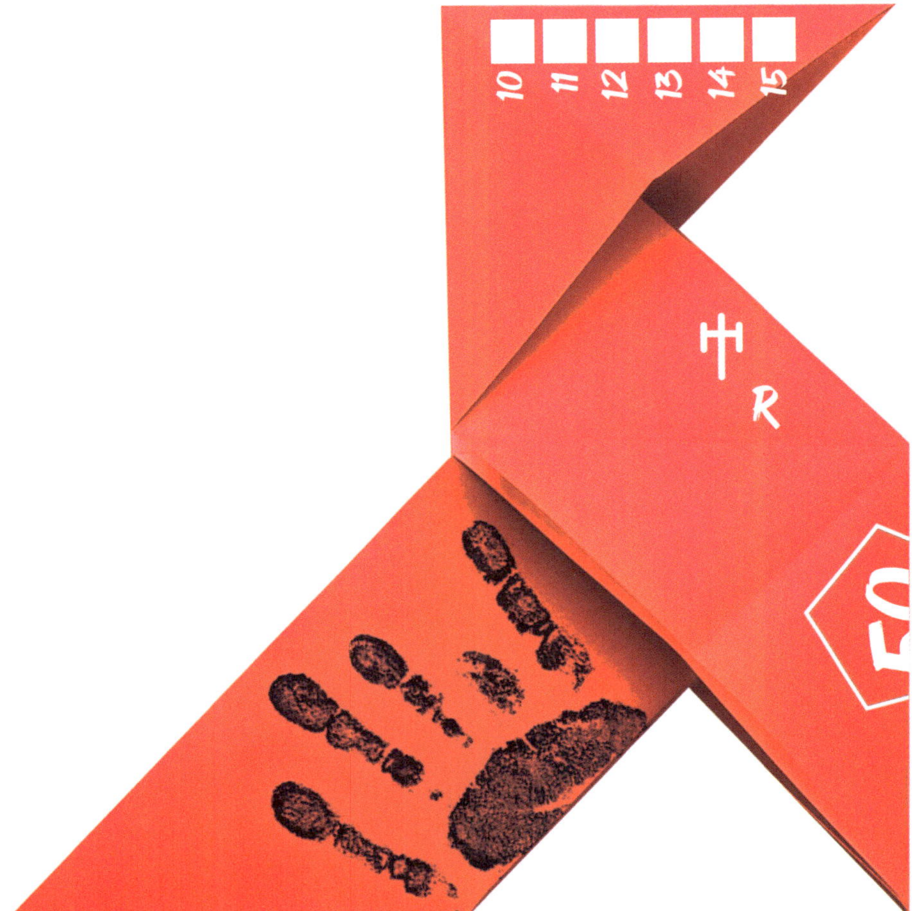

p. 74

p. 78

p. 90

p. 95

p. 104

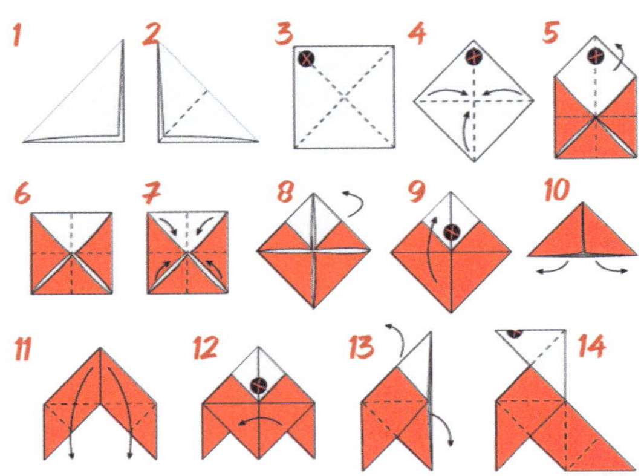

p. 111

p. 116

p. 126

p. 133